Ein blaues Band

Ernst Korn

Ein blaues Band

oder

Aus dem Leben und Wirken Mörikes

Umschlagbild: *Eduard Mörike* von Johann Georg Schreiner, 1824
(Bleistiftzeichnung)
© 2004 Ernst Korn
Herstellung und Verlag: Books on Demand GmbH, Norderstedt
ISBN 3-8334-0997-5

Inhalt

Vorwort

Natürlich haben sich längst bedeutende Geister, Wissenschaftler, Literaten, Literaturhistoriker oder –kritiker mit Mörike und seiner Zeit auseinander gesetzt, das historische Umfeld ebenso wie sein Leben und Werk ausgelotet. Umfangreiche Interpretationen, Forschungsberichte und verzweigte Studien füllen inzwischen ganze Bibliotheken. Darum kann *Ein blaues Band* kaum neue Erkenntnisse oder Entdeckungen vorweisen; wohl aber mag es jenen Lesern, denen der Dichter bislang lediglich vom Hörensagen als biedermeierlicher Idylliker bekannt geworden war, ein wenig mehr – sozusagen ‚im Volkston' - über seinen Rang in der deutschen Literatur zu vermitteln. Eine Anregung zum Lesen sei es überdies.

Dem Eingeweihten möchte es Erinnerungen wecken, Rückblenden an frühere Begegnungen mit einem unserer größten deutschen Lyriker, der in Bescheidenheit sann und dichtete, dem alles Laute fremd, dessen Wirken aber aus dem ‚Innenraum' (Rilke) umso Glück verheißender sein sollte. So mag dies Büchlein auch von Herz zu Herzen gehen. Möge deutlich werden, inwieweit Mörikes Leben und Arbeiten wirklich und durchweg so verhalten und beschaulich gewesen waren, wie das immer wieder klischeehaft behauptet wird, und ob es sich rechtfertigen lässt, den Dichter als Spätzeitliteraten zu charakterisieren.

München, 2004 *Ernst Korn*

Eduard Mörike, Dichter zwischen Romantik und Realismus

> Wer in der Weltgeschichte lebt,
> Dem Augenblick sollt er sich richten?
> Wer in die Zeiten schaut und strebt,
> Nur der ist wert, zu sprechen und zu dichten.
>
> *Goethe, Zahme Xenien*

Vom Geist der Epoche

Weder die Französische Revolution noch die Befreiungskriege oder der Sturz Napoleons hatten die erhoffte gesellschaftliche Wende zur Folge. Zwar hatten die bedeutenden Herrscher Europas, Adel und Kirchen in ihrer ,Heiligen Allianz' die Entthronung des Korsen bewirkt, wollten sich je-

doch weiterhin auf eine feudal-absolutistische Herrschafts-
form und ihre eigenen Latifundien stützen können. Daher
versuchte die so genannte Restauration nach dem Wiener
Kongress von 1815 im neu gegründeten Deutschen Bund die
alten Zustände zu bewahren bzw. wiederherzustellen. Den
deutschsprachigen und habsburgischen Ländern Mitteleu-
ropas wurden unter der Regie Fürst Metternichs drückende
Fesseln angelegt. Die Polizei- und Zensurbehörden gewan-
nen an Macht und Einfluss, sodass sich die Bürger lieber
vom öffentlichen Wirken zurückhielten. Dazu erschütter-
ten die neuen Naturwissenschaften die Ideale von Klassik
und Romantik, und schließlich wuchs die wirtschaftliche
Bedrohung für den neuen Stand des Proletariats, der im
Zuge der Industrialisierung an Bedeutung gewonnen hatte.
Es waren vor allem zwei mächtige Grundströmungen, welche das geistige und politische Leben im 19. Jahrhundert
bestimmen sollten:

Erstens eine *nationale* Orientierung, die sich als Ergebnis der romantischen Epoche verstehen lässt, welche das
Ideal von einem geeinten und freien Volk postulierte.
Sie war auch Folge der Napoleonischen Kriege sowie
Wirkung auf das Ende des Heiligen Römischen Reiches
Deutscher Nation, das mit der Niederlegung der Kai-
serkrone durch Kaiser Franz II. 1806 besiegelt worden
war. Ein sich entwickelnder bürgerlicher Liberalismus,
der nun die Freizügigkeit des Denkens und Handelns
vertrat, versuchte, das geistige Erbe der Goethezeit mit
dem neuen Wirklichkeitssinn der Epoche zu verbinden,
kulturelle und politische Realität in Einklang zu bringen.
Die Idee vom Volk verschob sich jedoch im Verlaufe des
19. Jahrhunderts mehr und mehr von dem kulturellen
und menschheitlichen Sendungsbewusstsein, wie Her-
der, Schiller oder die Romantik es verstanden, zu einem
nationalen Streben nach Macht. So sollte der völkische

Gedanke nach einer Reihe von politischen und geistigen Differenzen und Umbrüchen in das machtstaatliche Gebaren im Zweiten Deutschen Reich unter seinem Kanzler Bismarck führen.

Kosmopolitismus auf der einen und Nationalstaat auf der anderen Seite blieben eben gegensätzliche Komponenten, sodass die Reichsgründung den Sieg jenes Machtgedankens und eines politisch-staatlichen Realismus zur Folge haben konnte. Das Erbe der Romantik lebte jedoch noch am ehesten in der Literatur weiter.

Zweitens lässt sich eine *soziale* Orientierung ausmachen, die auf das Selbstbestimmungsrecht des Volkes setzte, sich den ‚Volksmassen' als einer neuen staatlichen Basis verpflichtet fühlte. Die Umstände der Zeit begannen jenen Menschen zu prägen, der sich ausschließlich an der Wirklichkeit auszurichten geneigt war, der sich nach und nach mit zunehmender Intensität von den absoluten Ideen und Idealen vorausgegangener Epochen abwandte. Der rasante Aufbruch von Industrie und Technik mit Dampfmaschine und Eisenbahn richtete das Denken auf Schnelligkeit und Wohlstand, formte ein völlig anderes Weltbild. War Deutschland zu Beginn des Jahrhunderts noch zu vier Fünfteln agrarisch, so entstanden nun aus Handwerksbetrieben Fabriken. An der Ruhr und in Schlesien entwickelte sich allmählich eine Grundstoffindustrie, was dem Anwachsen des Proletariats Vorschub leistete.

Die Technisierung des Lebens allgemein forderte jetzt die Kräfte der nüchternen Berechnung ebenso über Gebühr heraus wie die des praktischen Erfolgsdenkens. Auch die Wissenschaft huldigte einem praktischen Realismus. Vor allem die Entwicklung der Naturwissenschaften ging Hand in Hand mit der Industrialisierung. Während im rationalistischen 18. Jahrhundert Mathematik und Astronomie die führenden Bereiche waren, so traten an ihre Stelle nunmehr Physik (z. B. Elektromagnetismus, Thermodynamik, Spektralanalyse), Chemie und Biologie (Bakteriologie, Entwicklungslehre etc.) sowie Geographie und Psychologie. Diese ‚neuen' Wissenschaften blieben auch nicht ohne Einfluss auf die Philosophie.

Nicht mehr die individuelle Persönlichkeit stand im Vordergrund, sondern deren Teilhabe am öffentlichen, am politisch-sozialen Leben der wachsenden Bevölkerung. Ein neuartiges Gemeinschafts-, Staats- und Klassendenken bildete sich heraus. Das Selbstbewusstsein des bürgerlichen Mittelstandes erstarkte und verlangte angesichts der restaurativen Enttäuschungen nach 1813/15 nach einer Verfassung und Rechtssicherheit für das Volk. Traditionen wurden in Frage gestellt. Absolute Werte galten nicht mehr, sie seien nach Georg Wilhelm Friedrich **Hegels** (1770-1831) Lehre dem evolutionären Fortschritt des Lebens und Denkens unterzuordnen, auch spricht er vom Ende der Kunst. **Engels** (1820-1895) ging noch einen Schritt weiter, wenn er sagte:

> „Die dialektische Philosophie löst alle Begriffe endgültiger und absoluter Wahrheit und eines endgültigen absoluten Zustandes des Menschen auf, die damit Hand in Hand gehen."

Zu der friedlich-demokratischen Entwicklung des Geisteslebens gesellte sich unter der geistigen Ägide von Karl **Marx** (1818-1883) eine revolutionäre Bewegung die sich als Willensäußerung des ‚vierten Standes' sowohl gegen jedwede Autorität als auch gegen das Christentum wandte und einen völligen Umsturz herbeizuführen suchte. Gepaart mit unumschränktem Erfolgsstreben, wurde damit das seelische Gleichgewicht ins Wanken gebracht, Ideal und

Realität klafften weit auseinander und bewirkten einen weltanschaulichen Pessimismus. Arthur **Schopenhauer** (1788-1860), der in seinem Buch *Die Welt als Wille und Vorstellung* (1819) eine Philosophie des Willens gelehrt und sie auf eine antiidealistische pessimistische Grundlage gestellt hatte, würde nun als philosophischer Anwalt immer mehr Beachtung finden.

Die Aufklärung sollte ihr skeptisch rationales Denken verstärkt auftischen und damit den so genannten exakten Wissenschaften über Kritik und Experiment einen ungeahnten Ansporn verleihen.

In einem auf diese Weise bestimmten Weltbild und geistigen Konzept konnten die Thesen des Christentums und vor allem die Dogmen der Kirche keinen Platz mehr finden. Die Glaubensgrundlagen wurden so nicht nur in Frage gestellt, sondern offener Zerstörung ausgesetzt. Die geistigen Waffen dazu lieferten im besonderen David Friedrich **Strauß** (1808-1874) und Ludwig **Feuerbach** (1804-1872). Strauß stellte in seinem Werk über das *Leben Jesu* (1835) vor allem die reale geschichtliche Persönlichkeit heraus, um sie vom so genannten kirchlichen Glaubensmythos abzugrenzen. Feuerbach wiederum widersetzte sich vehement jedem Gedanken an die Unsterblichkeit der Seele. Für ihn war die Existenz Gottes lediglich eine idealisierte Illusion der Menschen. Der Mensch aber müsse seine unmittelbare Lebenswirklichkeit erkennen und bejahen und sich sozusagen sozialer Ethik gegenüber dem Nächsten befleißigen. Beide Denker waren gleich Marx und Engels ihrem philosophischen Ziehvater Hegel verpflichtet.

Hegels Denkgebäude hatte in einem gigantischen Wurf die ganze klassisch-romantische Ideenwelt zusammengeschlossen und die zeitgenössische Philosophie geprägt bzw. ihr entscheidende Impulse gegeben. Für Hegel offenbarte sich die göttliche Vernunft in der historischen Entwicklung. In der Existenz der Staatswesen verwirkliche sich der Geist. Die Realisierung von Ideen begriff er als Wirkungszusammenhang von These, Antithese und Synthese. Dazu müsse sich erneuter Widerspruch gesellen, was ein dialektisch sich formendes Bewusstsein bedingen würde. Mit solchen Gedankenflügen öffnete Hegel einen breiten Fächer von Anknüpfungsmöglichkeiten. Dies sowohl für die sozialistischen Ansätze von Marx und Engels, welche dem Leninismus zunächst sowjetischer Sonderprägung den Weg bereiten sollten, als auch für die Pflege einer konservativen Staats- und Gesellschaftsauffassung.

Sobald Hegel alle Realität als Ausdruck vernünftigen Denkens begriff, so betonte er damit ein Verständnis von Wirklichkeit, in der politische, ökonomische und wissenschaftliche Erwägungen die Oberhand gewinnen sollten. Religion und Philosophie empfand man also nicht mehr als vorrangige Lebensaufgaben.

Die Vorstellung eines einheitlichen kulturellen Geschehens schwand zusehends. Das Geistesleben allgemein war gespalten. Gegensätzliche Richtungen und Tendenzen liefen nebeneinander her, überkreuzten sich oder versuchten, sich zu verdrängen. Es fehlte nun eine innere Gemeinsamkeit, was freilich der Entwicklung eines bindenden überindividuellen geistigen Niveaus abhold sein und widerstrebende Neigungen verstärken musste. So traten die Gegensätze immer deutlicher hervor zwischen kirchentreuem Christentum und unbeugsamem Atheismus, zwischen dem Pessimismus, wie ihn Schopenhauer vertreten hatte und optimistischem Fortschrittsglauben, zwischen Nationalstolz und internationalem Klassendenken, zwischen der Hinwendung zur Geschichte und dem Hang zum Aktuellen.

In solch geistiger Umgebung mussten auch Dichtung und Dichter ihre angestammte Stellung einbüßen. Die klassische Tradition, die sich ja an Ideen zu orientieren suchte, nach Typischem und immer gültigen Formen strebte, kosmopolitisches Denken und aristokratisches Bewusstsein als Werte postuliert hatte, begann dahinzusiechen oder in Oberflächlichkeit zu erstarren. Ebenso verlor sich der Nachlass der Romantik insofern, als der große Ausgriff sowohl nach der Unendlichkeit als auch nach dem ‚Weg nach innen' (Novalis), die Sehnsucht nach der Ferne, der Vergangenheit, dem Jenseitigen, nach der Wunderwelt der Sagen, nach reinem und starkem Gefühl ebenso dahinschwand wie die Hingabe an die religiöse Transzendenz. Die Bewunderung praktischer Taten und Leistungen verdrängte das christlich-humane Bildungsideal. Daraus erwachsen völlig andere Wirkmächte für die *Dichtung* und den *Literaturbetrieb*.

Die *Kultur* verlässt sozusagen ihren Drang nach der Höhe und verlegt sich allgemein in die Breite. Der geistige Austausch zwischen dem Einzelnen und ganzen Völkern wird reger. Die Großstadt gebiert den Journalismus, und die dichterisch-schöpferischen Geister verlassen die große Öffentlichkeit und begeben sich eher in die Einsamkeit. Dies fördert freilich einen zwar ungewollten aber unausbleiblichen Provinzialismus. Als die gängigen Ausdrucksformen neuer Wirklichkeitserfahrung etablieren sich vor allem der *Roman* und eine Reihe neuer *Kurzformen*, wie Novelle, Kurzerzählung, Reisebericht, Stimmungsbild, Skizze, Studie oder Stammbuchvers.

Im Wesentlichen zeichnen sich zwei Ausprägungen des literarischen Vorwurfs ab:

Erstens werden die Werte des Heimatlich-Bäuerlichen literarisch entdeckt, erfährt die kleinbürgerliche Kultur mit ihrer Heimatverbundenheit und Religion eine Neubewertung ebenso wie die patriarchalische Ordnung in Familie und Staat, die Liebe zu Herkommen und Bescheidenheit.

Man muss dazu in Betracht ziehen, dass die Enttäuschung über die politische Freiheitsbewegung seit 1815 noch lange nachgewirkt und die Schmach der gescheiterten Revolutionen von 1830 und 1848 noch verstärkt hatte. Das Ideal eines freien und einigen Volkes, wie es die Romantik vorgestellt hatte, war nicht wie erhofft Wirklichkeit geworden. Übrig blieb eine poetische Achtung vor allem Historischen und die Pflege eines eher traumhaften Gefühls für Volk und Heimatlandschaft. Der im Grunde unpolitische Mensch dieser biedermeierlichen Idylle liebte das Gemüthafte. Vor allem die bekanntesten Autoren wollten selbst unter Verzicht auf persönlichen Erfolg die Tradition bewahren und versuchten die schöpferische Erneuerung der Wirkmächte voranzutreiben, wie sie Stamm, Landschaft, Heimat und Geschichte bargen.

Die Dichtung war einerseits abhängig von Klassik und Romantik, andererseits versuchte sie, Mensch und Natur realistisch zu erfassen. Dazu musste sie *zweitens* die Welt der Großstadt und Industrie einbeziehen. Recht oft wurde dabei freilich die Literatur zum Leitartikel. Mochte der Aufbruch der äußeren Zivilisation sich durch ihre Leistungen und Entdeckungen noch so bedeutungsvoll und eindringlich anlassen, die Bedrohung der kulturellen Grundfesten traten offen zutage. Dies betraf natürlich auch die Literatur, obwohl sie sich mit aller Kraft gegen den allgemeinen geistig-sittlichen Relativismus zur Wehr zu setzen versuchte.

Es lösten also zwei Zeitalter einander ab. Die Umbrüche in vielen Lebensbereichen führten zu einer unverkennbaren inneren Spannung. Daraus wird auch die Dichtung Adalbert von **Chamissos** (1782-1838) verständlich. Er sollte als französischer Adeliger zum meistgelesenen Schriftsteller seiner Zeit werden. Er wurde in der Champagne geboren. Seine Familie floh mit ihm vor der Französischen Revolution nach Berlin. Als preußischer Offizier stand er sozusagen zwischen den Gegnern. Einerseits machte ihn sein Realitätssinn den Naturwissenschaften geneigt, woraus sich auch sein Antrieb zu einer dreijährigen Weltumseglung herleiten mochte (1815-1818); andererseits nahm er unerhörte, spukhafte Geschehnisse zum Vorwurf für seine weltberühmte Erzählung *Peter Schlemihls wundersame Geschichte* (1813/14), welche seinen literarischen Ruhm begründen sollte. Die unheimlich-märchenhafte Novelle schildert das Schicksal eines Mannes, der seinen Schatten dem Teufel verkaufte und seither vereinsamt durch die Welt irren und auf sein geliebtes Mädchen verzichten muss. Frieden und Lebensglück kann er erst finden, als er beginnt, die Geheimnisse der Natur zu ergründen.

Der realistisch-bürgerliche Stil des Werks bewirkt den Abstand vom romantischen Kunstmärchen. Der Stimmungsumfang seiner Lyrik verbindet Zart-Kindliches mit Phantastischem und Grausamem. Die Balladen Chamissos weisen bereits in eine neue Zeit, zeigen eine Verschiebung des Lebensgefühls. Sie beziehen Fragen des Alltags ein und offenbaren ausgeprägte soziale Züge, wie z. B. in *Die Sonne bringt es an den Tag, Die alte Waschfrau* mit Anklängen an soziale Thematik oder das bekannte *Riesenspielzeug.*

Die Gefühlswelt der Romantik gesellte sich im ‚Schwäbischen Dichterkreis' zu bürgerlicher Idyllik. Seine Vertreter empfingen zwar reiche Anregungen von anderen, vor allem den Heidelberger Romantikern, wandten sich jedoch sehr stark der Heimatlandschaft und dem Volkstum zu. Der bedeutendste unter ihnen sollte der früh vollendete, aus Tübingen stammende Landsmann Schillers und Professors für deutsche Literatur Ludwig **Uhland** (1787-1862) werden. Er gehörte ab 1848 der Frankfurter Nationalversammlung an. Als heimatverwurzelter *Politiker* vertrat er dort wie auch im württembergischen Verfassungsstreit die Rechte des freien Bürgertums. Bekannt wurde sein Wort anlässlich der Kaiserwahl 1849:

„Es wird kein Haupt über Deutschland leuchten, das nicht mit einem vollen Tropfen demokratischen Öls gesalbt ist."

Als *Gelehrten* interessierten ihn besonders französische Literatur, die deutsche Sagenwelt sowie Leben und Wirken Walthers von der Vogelweide, dem er ein bahnbrechendes Werk widmete.

Als *Dichter* vereinigte er in sich Schlichtheit und religiöse Innigkeit sowie gelassenen Humor und stillen Ernst. Seine Lyrik ist darum schlicht, ungeziert und am Volkslied geschult. Bekannt geworden sind vor allem Gedichte wie u. a. **Das ist der Tag des Herrn** (Schäfers Sonntagslied), **Der Wirtin Töchterlein, Ich hatt' einen Kameraden** oder **Frühlingsglaube** (Die linden Lüfte sind erwacht ...).

Die *Geschichtsballade*, als deren Begründer Uhland gilt, zeigt Menschen in Lagen, in denen sie schwerwiegende Entscheidungen treffen oder sich besonders bewähren müssen. Durch ihren eingängigen Erzählstil, ihre große Anschaulichkeit und den gelegentlichen Humor sind lebendig geblieben: **Des Sängers Fluch, Schwäbische Kunde** oder die heimatlichen Balladen um den **Grafen Eberhard**.

Zum 150. Geburtstag Uhlands im Jahre 1937 schrieb Theodor Heuss:

„Waren die Umrisse seines Menschentums einfach und, bei diesem Führer der ‚schwäbischen Roman-

tik', so unromantisch wie nur möglich, so ging von
dieser ruhigfesten Männlichkeit doch eine seltsam
bezwingende Kraft aus. Das war das Verlässliche an
ihm. Ist sein Erlebnisumfang nicht breit, so ist er echt
und in der künstlerischen Form auf den knappsten
Ausdruck gebracht, auch dort, wo er in den Balladen
mit den Motiven gerne und sicher spielt: eine ‚objek-
tive Lyrik'. Hölderlin vor ihm, Mörike nach ihm – in
beiden jene Genialität, deren er ermangelt. Aber sein
wunderbares Schicksal wurde es, ein Stück Volks-
besitz zu werden wie kaum ein anderer deutscher
Dichter, so sehr, dass man sich ‚den Deutschen' ohne
ein Stück Uhland gar nicht vorstellen kann."[1]

Der Arzt Justinus **Kerner** (1786-1862), eigenwilliger und
ursprünglicher als Uhland, machte Weinsberg zu einem
Treffpunkt des schwäbischen Dichterkreises. Kerners Gedichte wurden häufig zu volkstümlichen Liedern wie *Dort
unten in der Mühle, Preisend mit viel schönen Reden*
oder *Wohlauf, noch getrunken den funkelnden Wein,* die
z. T. in *Des Knaben Wunderhorn* eingingen.

Nicht nur der Duft von Wein und Obst zog viele Dichterkollegen in sein patriarchalisches Haus, sondern, weil es
für sie auch zu einem Zufluchtsort der ‚guten alten Welt'
geworden war, sah es in seinen Räumen u. a. immer wieder
Arnim, Tieck, W. Müller, Lenau und **Mörike.**

Von Gustav **Schwab** (1792-1850), dem Schüler Uhlands
stammen einige der schönsten Balladen, wie *Der Reiter
über dem Bodensee* oder das *Gewitter* („Urahne, Groß-
mutter, Mutter und Kind in dumpfer Stube beisammen
sind; …). Er erzählte auch die *Schönsten Sagen des klassischen Altertums* nach und bearbeitete die *Deutschen
Heldensagen* sowie die *Deutschen Volksbücher.*

Wilhelm **Hauff** (1802-1827), auch häufiger Gast im Hause Kerners und begabter Erzähler, ist besonders durch seine Märchenzyklen *Die Karawane* (1825) und *Das Wirtshaus im Spessart* (1828) bekannt geworden. In der *Karawane* finden sich die Geschichte vom *Kalifen Storch, Der kleine Muck, Zwerg Nase* und *Das kalte Herz.*

Die Lieder *Morgenrot, Morgenrot* und *Steh ich in finstrer Mitternacht* stammen gleichfalls aus der Feder Hauffs.

Leben und Dichten im Spiegel der Zeit

Aus dem rührigen schwäbischen Dichterkreis sollte sich vor allem jene Gestalt besonders herausheben, der unsere Betrachtung vorrangig gilt: **Eduard Mörike** (1804-1875), dessen Leben in dichterischer Harmonie nach einem Gleichgewicht strebt zwischen den düsteren Spannungen im Geist der Zeit und dem in der eigenen Seele. Er wurde geboren am 8. September 1804 in Ludwigsburg, damals Sommerresidenz des württembergischen Königs und Garnisonsstadt mit etwa 5000 Einwohnern, geboren zu einer Zeit also, da Napoléon sich anschickte, die alte Welt einzureißen und am Untergang des Heiligen Römischen Reiches Deutscher Nation von 1806 wesentlich beteiligt war.

Die Mutter Charlotte Dorothea, eine Pfarrerstochter, sollte 13 Kindern das Leben schenken, worunter Eduard die siebente Stelle einnahm. Sechs Geschwister des Dichters starben in jungen Jahren. Der Vater war Oberamtsarzt in der schwäbischen Dichterstadt, in welcher schon Schiller gelebt und Schubart als Organist und politischer Kritiker gewirkt hatte, und entstammte einer adeligen Familie, die um 1700 aus Ostpreußen eingewandert war. Zunächst eigentlich Theologe, hatte er sich alsbald ausschließlich der Medizin zugewandt. Sein Interesse für Psychologie und Philosophie sollte auch auf Eduard übergehen, dessen Phantasie von den Gärten um sein Geburts- bzw. Wohnhaus ebenso beflügelt wurde wie von den dortigen Dachböden.

Der Schüler besuchte ab 1811/12 gemeinsam mit dem späteren Philosophen und Schriftsteller Friedrich Theodor **Vischer** und dem späteren evangelischen Theologen David Friedrich **Strauß** die Lateinschule seiner Vaterstadt. 1817 sollte der plötzliche Tod des Vaters, der einem Schlaganfall erlegen war, die Kindheit des Buben beenden. Die Mutter übersiedelte mit den Kindern alsbald nach Stuttgart zu Eduards Onkel Friedrich Eberhard von Georgij, einem literarisch und künstlerisch interessierten Mann, der später Obertribunalpräsident werden sollte. In seinem Haus hatte ehedem Schelling seine Privatvorlesungen gehalten. Auf Grund der Fürsprache dieses Onkels wurde Eduard noch im gleichen Jahr in das städtische so genannte ‚Gymnasium illustre' aufgenommen. Da er nie gerade einer der besten Schüler war, bestand er auch das so genannte Landesexamen nicht, welches als Voraussetzung für die Aufnahme in die Uracher Klosterschule galt. Aber da er sich als Halbwaise vorbildlich führte, gestattete man ihm 1818 dennoch den Eintritt in das ‚Niedere Seminar' in Urach, das ihm eine theologische Grundausbildung vermitteln und ihn für das Tübinger ‚Stift' vorbereiten würde. Unter seinen Mitschülern fühlte er sich zu Johann **Mährlen** (1803-1871), dem nachmaligen Professor am Stuttgarter Polytechnikum hingezogen, auch lernte er den späteren Pfarrer Wilhelm **Hartlaub** (1804-1885) als besten Freund schätzen, dem gegenüber er noch etwa 20 Jahre später, somit im Sommer 1840, seine große Zuneigung beweist, wenn er schreibt:

„… ich weiß neben Bruder und Schwester kein andres Menschenkind, verlange auch nach keinem, bei dem ich mich so wie bei Dir daheim befände, d. h. so innig in mir selber bleiben könnte. Du muthest mir nichts zu, was meinem Wesen nicht entspricht, und wenn Du mich anmahnst und aufschüttelst, so ists nicht mehr noch weniger, als ich bei meiner kranken Ängstlichkeit und jener vis inertiä, die ich selbst an mir kenne, gar wohl brauchen kann."[2]

In Urach lernt er ebenso den genialischen, auf dem Oberamt Urach tätigen Dichter Wilhelm **Waiblinger** (1804-1830) aus Heilbronn kennen und bewundern. Dieser stellt ihn Hölderlin vor, bringt dem jungen Mörike die Werke von Calderón, Shakespeare, Jean Paul, Novalis und im besonderen Goethe nahe. Es sollte alsbald großen Einfluss, sowohl auf den jungen Literaten als auch auf dessen Persönlichkeit selbst nehmen. Beider gemeinsamer Studienjahrgang übersiedelte als die so genannte Uracher ‚Promotion' 1822 nach Tübingen an die dortige Universität, das ‚Stift'. Dort konnte Mörike sein Theologiestudium aufnehmen. Am fröhlichen Treiben der Stiftsschüler und Stadtstudenten beteiligte er sich kaum, was zum guten Teil auf seine schwache Körperkonstitution, auf sein häufiges Kränkeln und die sich allmählich verstärkende Kurzsichtigkeit zurückzuführen gewesen sein muss. Mit Waiblinger schien er sich eine Zeit lang auf gleicher Wellenlänge zu befinden. Er teilte dessen romantische Neigungen ebenso wie die Vision, Poesie in Wirklichkeit umzumünzen, wie auch eine Fülle phantastischer Einfälle dazu. Aber bald stellte sich heraus, dass Waiblinger niemanden neben sich und anderes als seine eigenen Vorstellungen gelten lassen wollte, was zum Bruch zwischen den jungen Männern führte.

Dazu kam eine Reihe weiterer zerbrechender Freundschaften, gescheiterter Liebesbeziehungen und Enttäuschungen wie vor allem die, welche ihm seine Base Klara Neuffer bereitete; auch waren in der Zwischenzeit zwei Geschwister gestorben. Um die Osterzeit des Jahres 1823 lernte Mörike in Ludwigsburg, der Stadt seiner Kindheit, **Maria Meyer**, eine glutäugige, dunkellockige Fremde kennen, die sowohl ihn wie seinen leichtfüßigen Genossen Rudolf **Lohbauer**, bei dessen Mutter die fragwürdige Dame sich eingemietet hatte, in ihren Bann zog. Die Freunde trafen sich des Öfteren in der Schänke der Brauerei Helm, wo sie als Bedienung tätig war. Den angehenden Poeten Eduard Mörike, noch keine zwanzig, muss sie wohl in die schwerste Krise seines Lebens gebracht haben. Sie fesselte ihn nicht nur mit einer engelsgleichen Erscheinung, sondern auch mit einer gewissen Verworfenheit und Tragik, die auch in Mörikes Versen aufscheint:

„In diese Nacht des Blickes mich zu tauchen,
Unwissend Kind, du selber lädst mich ein -
Willst, ich soll kecklich mich und dich entzünden
Reichst lächelnd mir den Tod im Kelch der
Sünden!"   *Peregrina*

Ihres Liebreizes aus Trauer und Schönheit wegen soll ja nach der Vermutung des späteren Biographen Albrecht Goes von 1938 Mörike nur um Haaresbreite dem Schicksal Hölderlins entronnen sein.

Der erwähnte Brauer Helm hatte Maria von einem Stein-
haufen am Stadtrand aufgelesen und sie als Kellnerin bei
sich im ‚Holländer' angestellt. Ihr von Geheimnissen um-
witterter Charme lockte bald die Ludwigsburger Männer-
welt in seine Schänke. Die jungen Akademiker unter ihnen
feierten sie gar als eine Art höheres Wesen. Mörike musste
aber zum Studium nach Tübingen zurück, von wo er der
Angebeteten heiße Briefe schrieb, aber auch Tadel von
seiner älteren Schwester Luise einstecken musste, die den
Bruder vor einem Abgrund bewahren wollte, an welchem
er entlangzuschlittern schien. Sie hat ihn wahrscheinlich
zur Einsicht gebracht, sodass er sich selbst aus der Gefahr
winden konnte. Auch der Kommilitone Ludwig **Bauer**, dem
sich Mörike geoffenbart hatte, mag dazu beigetragen haben.
Er hat dessen Geständnis in einigen Reimen und fast in
Mörikes Worten eingefangen:

„Ach, dass du einmal nur sie könntest schauen,
Wenn mit gesenktem Haupt sie schmerzlich lacht!
Sähst ihren Blick mit zauberhaftem Grauen,
Den goldnen Ring in ihres Auges Nacht!
Sähst du die Sonne, die ein Flor getrübet,
Die heilge Sünderin, die ich geliebet."

Dies bedeutet Abschied und klingt beinahe wie eine gewisse Parodie zu den vorher angeführten Versen Mörikes.
Maria verfügte sich nach Heidelberg, empfahl sich an der
Stadtgrenze erneut durch Zusammenbruch wohlwollen-
dem Mitleid. Als Mörike von ihrem Aufenthalt und ihren
neuen Lebensumständen erfuhr, war er doch froh, versucht
zu haben, seine Neigung zu tilgen und seine Liebe zu Maria
zu einem Mythos zu erheben:

„Ein Irrsal kam in die Mondscheingärten
Einer einst heiligen Liebe.
Schaudernd entdeckt' ich verjährten Betrug".

Maria wandte 1824 auch in Tübingen noch einmal ihren
bewährten Dreh des Zusammenbrechens an. Mörike wich
ihr aber aus und begab sich zu Mutter und Schwester nach
Stuttgart, um das seelische Gleichgewicht nicht zu verlieren,
war er doch ohnehin dabei, in eine gesundheitliche Krise hi-
neinzugeraten. Die Dichtung ermöglichte ihm dort mit Tasso
„zu sagen, was ich leide". Mörike schrieb die Anfangsteile
seines *Peregrina-Zyklus*, hatte er doch Maria als die ‚Fremde,
die Pilgerin' gesehen. Auch versuchte er sich an einem Trau-
erspiel über jenes schicksalhafte Zusammentreffen. Doch
vernichtete er das Manuskript wie manche andere Schriften
und Briefe, aus denen seine Hinneigung zu Maria hätte erkennbar werden können. Auch sollte er nie mehr von dieser
seiner „noli-me-tangere-Vergangenheit"[3] sprechen. Dennoch
erscheint Mörikes tragisch-große Liebe, die ihm im Urteil
eines Freundes[4] das „Räthsel seines Lebens aufgegeben und
gelößt" hatte, nicht nur als Peregrina in seiner Lyrik, sondern
auch als Zigeunerin Elsbeth in seinem Roman vom *Maler
Nolten* (1832) in welchen er sie als eigenständige tragische literarische Figur aufgenommen und mit Versen umrankt hat.
Die wirkliche Maria hatte nach ihren unsteten Lebenswan-
del in Winterthur den bayerischen Tischler Kohler kennen
gelernt und ihn 1836 in Schaffhausen geheiratet, machte ihren Frieden mit der Heimat und ihren Bürgern und lebte als
unauffällige Ehefrau und Putzmacherin. Sie blieb kinderlos.
Ihre Nachbarn in Wilen (Thurgau) beschrieben sie als eine
immer noch schöne, ‚noble' und ganz zurückgezogene Frau.
Sie starb am 2. September 1865.
    Der Sommer 1824 schien von einem außerordentlichen
Fatum überschattet gewesen zu sein. Mörike glaubte, es

gäbe irgendeinen Zusammenhang zwischen dem raschen Tod seines Bruders August, der wahrscheinlich in den Freitod gegangen sein könnte und dem Besuch seiner Lieblingsoper *Don Giovanni*. Eduard wird ihm 1837 das Gedicht **An eine Äolsharfe** widmen. Die Mozartoper selbst wird ihm zur dichterischen Inspiration werden Im gleichen Jahr widmet sich Mörike dem **Feuerreiter**.

Als Waiblinger den Tübinger Freundeskreis verlassen hatte, gestaltete sich Mörikes Freundschaft zu Ludwig Amandus **Bauer** (1803-1845), einem gebürtigen Franken, enger. Beide flüchteten sich in ein Reich der Phantasie „mit traurig schönen Geistern im Verkehr" und schufen sich so in der Märchenwelt Orplids, der Vorstellung von einer geheimnisvollen, götternahen und menschenfernen Welt einen eigenen Mythos. Bauers Drama *Orplids letzte Tage* entsteht 1826, Mörike fügt 1832 seinem Roman vom Maler Nolten einen Abschnitt über den „*letzten König von Orplid"* bei. Bauer wurde später Professor in Stuttgart, schrieb unter anderem eine *Allgemeine Weltgeschichte* und war Herausgeber des Jahrbuchs *Schwaben, wie es war und ist*. Mörike traf immer wieder mit den Hegelianern Friedrich Theodor **Vischer** (1807-1887) und David Friedrich **Strauß** (1808-1874) zusammen, die seinem literarischen Wirken zwar verständnisvoll, aber auch recht kritisch gegenüberstanden.

Nach Beendigung seiner Studien in Tübingen 1826 sollte Mörike fast acht Jahre lang an verschiedenen Orten das Leben eines Pfarrgehilfen, eines wandernden schwäbischen Vikars zu führen genötigt sein. Man begegnet ihm in Oberboihingen, Möhringen, Köngen, Pflummern, Plattenhardt, Owen, Eltingen, Ochsenwang, Weilheim oder Ötlingen. Diese berufliche Tätigkeit sagte ihm aber ganz und gar nicht zu, sodass er nach dem Tod seiner älteren Schwester Luise einen längeren Krankheitsurlaub nimmt, um der „VicariatsKnechtschaft"[5] zu entfliehen.

„Alles, nur kein Geistlicher. Hier bin ich ganz und durchaus gelähmt",

schreibt er 1828 an Ludwig Bauer, als es mit der Berufsfindung ernst werden sollte. Er will eben freier Schriftsteller sein, fühlt sich aber andererseits seiner Familie wie seiner theologischen Vorbildung verpflichtet. Über die Ernsthaftigkeit solcher Zweifel und darüber, wie er ein unglückliches Vikarsleben vorausahnt erfahren wir in einem weiteren Schreiben:

„Ich gebe dir Vollmacht, alle und jede Unterhandlung in meinem Namen und für mich mit Cotta oder dem Teufel selber einzuleiten. Schaffe nur einen Ausweg vor dem Konsistorium und seiner Stickluft, so will ich mich regen und umtun und Tinte aus allen Poren spritzen. Das sage ich dir im Gefühle eines Kerls, dem der Steiß brennt, sich auf eine größere Bahn zu stürzen."[6]

So versucht er, in das Dasein eines Hofmeisters oder Redakteurs der Stuttgarter ‚Damenzeitung' auszuweichen, was freilich keine Dauerlösung ergeben sollte.

Er musste aber immer wieder zum Vikariatsdienst, zur Predigt zurück. Gelegentlich half ihm sogar Freund Hartlaub dabei. Als er schließlich die „Dachstube eines wirtembergischen Pfarrhauses"[7] als trefflichen Ort geistigen Schaffens und Dichtens ausgemacht hatte, entwickelte er vor allem im Jahre 1828 eine beachtliche literarische Regsamkeit, wähnte sich eine Zeit lang erneut zum Dramatiker geboren, machte sich auch an einen Stoff aus der Stauferepoche, fand aber schließlich in der Lyrik seine eigentliche Berufung. Anstöße dazu waren vielfältig. Seinem Bruder

Karl, damals bereits Amtmann in Scheer an der Donau, allerdings 1831 wegen revolutionärer Umtriebe zu einem Jahr Festungshaft verurteilt, machte Eduard anlässlich eines Besuches sein „Grünes Heft" mit 23 Gedichten zum Geschenk, von denen später etliche in Cottas *Morgenblatt für gebildete Stände* aufgenommen werden sollten. Auch aus der in Scheer ausgebrochenen Liebschaft zu einer Josephine schöpfte Mörike Motivation.

1829 wurde er nach Plattenhardt auf den Fildern versetzt. Dort verliebt er sich in die Pfarrerstochter **Luise Rau** und verlobt sich mit ihr. Die beruflich ungesicherte Existenz Mörikes jedoch mag es wohl gewesen sein, die zuvorderst an der Lösung des Verlöbnisses im Jahre 1833 schuld war, an der „für mein ganzes Leben wichtigen Katastrophe", wie Mörike an Friedrich Theodor Vischer schrieb.[8]

Der Dichter arbeitet am *Nolten*-Roman weiter, zeigt die erste Niederschrift einigen Freunden, darunter wieder Vischer, und bringt das Buch schließlich 1832 – Mörike war gerade Vikar in Ochsenwang - als „Novelle in zwei Teilen" heraus. Er beschäftigt sich daraufhin mit religiöser Thematik.

Nachdem Mörike einige Male wegen Krankheit beurlaubt und neben schon erwähnten anderen Aushilfsstellen zunächst nach Eltingen, dann nach Ochsenwang und Weilheim versetzt worden war, erhielt er endlich 1834 das Pfarramt von Cleversulzbach im ‚Unterland' bei Heilbronn, wo er neun Jahre mit Mutter und der ihm innig verbundenen Schwester Klara in dem Pfarrhaus wohnen sollte, in welchem einst auch Schillers Mutter und Schwester ihr Heim hatten. Auch im neuen Domizil blieb dem Dichter vielfältige Unbill nicht erspart. Krankheit, die wohl als Multiple Sklerose[9] hätte diagnostiziert werden müssen, unzureichender finanzieller Halt, häufige Arbeitsunfähigkeit mussten die empfindsame Seele über Gebühr belasten. Undefinierbare Geräusche im Haus beunruhigten die Familie. Mörike bezeichnete sie als ‚Spuk‘. Darin schien ihn der wie er in Ludwigsburg geborene und in Weinsberg lebende Justinus **Kerner,** Haupt der Schwäbischen Dichterschule, zu bestärken, dessen Gespenster- und Geisterglauben Mörike zu verstehen meinte und dessen Art zu dichten er mit der seinen für wesensverwandt ansah.

In Cleversulzbach erweitert Mörike seine Sammlungen von Münzen, Handschriften, die er übrigens trefflich nachzuahmen verstand, und Altertümern, denen er auch den berühmten Turmhahn hinzufügen konnte. Unter den neuen technischen Errungenschaften begeisterten ihn vor allem die Fotografie und die Eisenbahn.

Sein Dichten erfuhr an jenem Wirkungsort eine neue Wende. Nennen wir zunächst einige wichtige Werke dieser Zeit: In Leipzig erschien die Novelle *Miß Jenny Harrower* in ‚*Urania. Taschenbuch auf das Jahr 1834*‘. Mörike wird das Werk später *Lucie Gelmeroth* nennen. 1835 sollte die romantische Märchennovelle *Der Schatz* folgen.

Nachdem Mörike 1837 Freundschaft mit dem Erzähler Hermann **Kurz** geschlossen und bei Justinus Kerner den Dichtern Ludwig Uhland und Karl Mayer begegnet war, wandte er sich in Epigrammen und Elegien auch antiken Versformen, wie dem Distichon[10] zu. 1838 gab er bei Cotta die erste Gedichtsammlung heraus und fasste 1839 in dem Sammelband *Iris* eine Reihe seiner Erzählungen und Novellen zusammen, darunter das *Orplid*-Spiel, *Der Schatz, Der Bauer und sein Sohn* sowie das Opernlibretto *Die Regenbrüder.* Seiner Neigung zum Altertum folgend übersetzte er antike Lyrik und veröffentlichte 1840 als Herausgeber und Mitübersetzer die *Classische Blumenlese. Eine Auswahl von Hymnen, Oden, Liedern, Elegien, Idyllen, Gnomen* *und Epigrammen der Griechen und Römer. Nach den besten Verdeutschungen, teilweise neu bearbeitet. Mit Erklärungen für alle gebildeten Leser* (Stuttgart, Schweizerbart).

Gemeinsam mit Friedrich Notter übersetzte er **Theokritos, Bion und Moschos** (1855), eine Anthologie mit Gedichten griechischer Lyriker sowie **Anakreon und die anakreontischen Lieder** (1864). Zum Regierungsjubiläum König Wilhelm I. schrieb Mörike ein ,allegorisches Singspiel' **Das Fest im Gebirge** (1841), ein Auftragswerk also, das jedoch weder gedruckt noch jemals aufgeführt wurde. Auch bearbeitete er eine Gedichtauswahl des inzwischen verstorbenen Waiblinger (1844).

Die über sechzig erhaltenen Briefe, die er einst an Luise Rau schrieb, spiegeln das Glück dieser Liebe und gehören neben den Liebesliedern und Naturgedichten dieser Periode zu den gefühlstiefsten poetischen Aussagen des Dichters. Dem König gegenüber trat er als ergeben Bittender auf, gegenüber Bruder Karl voller Fürsorge. Mörike war auch Meister tiefsinnigen Humors, bedachte seinen Freundeskreis mit trefflichen Anekdoten, die er auf so genannte Musterkärtchen[11] schrieb und mit Zeichnungen bestückte.

Der Tod seiner Mutter, die neben Schillers Mutter in Cleversulzbach bestattet wurde, bedrückte ihn zutiefst, wie es sich aus einem Brief an Hartlaub vom 26. April 1841 entnehmen lässt:

„Das ganz Unglaubliche ist geschehen! Unsere Mutter ist gestorben, heut, kurze Zeit nach Mitternacht … indem ich dieß jetzt niederschreibe (die Sonne geht soeben unter) ist es mir, als schriebe das jemand ausser mir, ein zweites Ich, u. mir stehe noch immer frei es zu glauben oder nicht. Es ist aber wirklich so und unwiderruflich."[12]

Ab Herbst 1843 sollte sich Mörike durch seine freiwillige Pensionierung mit 39 Jahren dem Zwang zur Kanzel und Seelsorge entledigen und ein von mancherlei Sorgen überschattetes und einsam versponnenes Leben zu führen beginnen. Er wohnt zunächst mit Schwester Klara bei der Familie Hartlaub in Wermutshausen, dann in Schwäbisch Hall und Bad Mergentheim, wo er während seiner Zeit als Bibliothekar (1846) und seiner Tätigkeit in einem Naturalienkabinett eine ganze Reihe von aussagekräftigen Gedichten schreibt, worunter sich auch die *Idylle vom Bodensee oder Fischer Martin und die Glockendiebe* (1846) befindet. Die ‚Idylle‘ bedeutet einen Nachklang an die Reise an den Bodensee, die er 1841 mit seinem jüngeren Bruder Ludwig unternommen und die ihn so nachhaltig beeindruckt hatte, dass ihn die Sehnsucht nach dieser Landschaft nicht mehr losließ. Bei dem gleichfalls in Stuttgart erschienenen Versepos handelt es sich um sieben Gesänge. Das Werk fand allerdings außerhalb des ‚Kollegenkreises‘ der Brüder Grimm, die Mörike sehr schätzten, kaum wesentliche Beachtung.

Nebenbei hatte Mörike die Gedichte seines 1830 verstorbenen Freundes Wilhelm Waiblinger herausgegeben.

Die Revolution von 1848 sollte der Dichter als im Grunde eher begrüßte Abwechslung gegenüber seinen Amtspflichten verbuchen. So geht es etwa aus einigen Zeilen von 1850 hervor:

„daß das Jahr 1848 meinen Blick begieriger, anhaltender als jemals in die Welt gerichtet hat."[13]

Mörike hatte 1845 in Bad Mergentheim während seiner Hausgemeinschaft mit der Familie des pensionierten bayerischen Oberleutnants von **Speeth** dessen Tochter **Margarethe** (1818-1903) kennen gelernt und sie, die Katholikin, 1851 geehelicht, um mit ihr von Bad Mergentheim nach Stuttgart zu übersiedeln. Der Ehe entsprangen zwei Töchter (1855).

Von 1851 - 1866 lehrte Mörike am Stuttgarter Kathari-
neninstitut Literatur. Der Plan, in Konstanz ein Mädchen-
pensionat ins Leben zu rufen, hatte sich zerschlagen.
Seine literarische Arbeit, vor allem die erzählerische,
verstärkte sich in dieser Zeit. Zunächst erschien wieder in
Stuttgart **Das Stuttgarter Hutzelmännlein.**
Die Märchenhandlung ist in **Die Historie von der schönen Lau** eingebettet und motivisch damit verbunden.

Mörike vollendet **Die Hand der Jezerte** (1853) und das
zweite Hauptwerk in Prosa **Mozart auf der Reise nach
Prag** (1855), das sein bekanntestes Werk werden sollte.
Aus dieser Zeit kennen wir die meisten Bilder, die von
dem Dichter auf uns kamen. Er erscheint darauf verschlossen, eher leidenden Ausdrucks, klagt er doch selber immer
wieder über seine ,kränkliche Ängstlichkeit', die freilich
der Biedermeier-Gesellschaft zuzugehören scheint. Den
die Zeit umkreisenden ,Weltschmerz' empfindet Mörike
in einer für den ,nacharbeitenden' Wissenschaftler vielfäl-
tigen Art und Weise. Er hat als Hypochonder, Zeichner, mit
Mogeleien, im Versteckspiel, mit katholischer Sinnenfällig-
keit und seiner musischen Neigung seinen Deutern immer
wieder Rätsel aufgegeben.

Es werden ihm zwar eine Reihe von Ehrungen zuteil,
er erhält die Ehrendoktorwürde und den Professorentitel
der Universität Tübingen, wird in den bayerischen Maxi-
milianorden aufgenommen, sein Name und Werk findet
Erwähnung im Brockhaus (1867). Er wird des Öfteren
abgelichtet, eine Reihe von Gedichten werden illustriert
und erscheinen in Zeitungen, jedoch bleibt der Absatz
seiner Werke weit hinter den Erwartungen zurück. Dies
vermögen auch die vielen neuen Kontakte zu bedeutenden
Persönlichkeiten der Zeit, mit denen er zusammentrifft,
wie Theodor Storm, Paul Heyse, Emanuel Geibel, Theodor
Fontane, Hebbel oder Turgenjew nicht zu ändern, auch

nicht die beginnende Freundschaft mit dem Maler Moritz von Schwind. Reisen und Umzüge unterbrechen beständig seine Tätigkeit. Er schreibt noch eine Reihe von beachtenswerten Gelegenheits- und Gebrauchstexten, die **Bilder aus Bebenhausen** sowie die Epistel **Erinna an Sappho** (1863). Die vierte und endgültige Auflage der Gedichte erscheint 1867, nachdem er 1866 seine Lehrtätigkeit am Stuttgarter Katharinenstift aufgegeben hat und nach Lorch umgezogen ist. Zwei Jahre später finden wir ihn aber wieder in Stuttgart, ehe er im Folgejahr nach Nürtingen übersiedelt bzw. sich zwischendurch in Bebenhausen aufhält. Er nimmt die 1848 abgebrochenen Beziehungen zu Hermann Kurz wieder auf.

Mit Eifer überarbeitet Mörike den **Nolten**-Roman in der Hoffnung, ihn wirklich vollenden zu können, was ihm jedoch versagt bleiben sollte.

1873 scheinen die Spannungen zwischen seiner Ehefrau und Schwester Klara größer geworden zu sein als die im Hinblick auf die unterschiedliche Konfession, welche die Ehe schließlich scheitern lassen. Mörike verlässt mit Klara die gemeinsame Wohnung, begibt sich mit ihr und der Tochter Marie nach Fellbach bei Stuttgart, kehrt aber im selben Jahr wieder nach der Landeshauptstadt zurück.

Nach schwerer Erkrankung versöhnt er sich mit Margarethe im Frühjahr 1875, um am 4. Juni des gleichen Jahres in Stuttgart das Zeitliche zu segnen. Mörike wird auf dem dortigen Pragfriedhof beigesetzt. Die Grabrede hält sein Jugendfreund, der Philosoph Friedrich Theodor Vischer, der dem Verstorbenen nachruft:

„Es gibt eine Gemeinde, eine stille Gemeinde, die sich labt und entzückt an deinen wunderbaren, hellen seligen Träumen. Es gibt eine Gemeinde, die den

Dichter nicht nach rednerischen Worten schätzt, die den feineren Wohllaut trinkt, der aus ürsprünglichem Naturgefühl der Sprache quillt. Und sie wird wachsen, diese Gemeinde, sich erweitern zu Kreis um Kreis: Bund um Bund wird sich bilden von Einverstandenen in deinem Verständnis."

Er lobt das

„herzliche Sichversetzen in jeden fremden Zustand, in alles und jedes, was Menschen sind und leben und leiden, und auch die arme dunkle Seele der sprachlosen Kreatur. Er verstand jede Stimmung, er fand die Gedanken, wenn sie kaum auf die Lippen traten."

Eduard Mörike, der Lyriker

Gieß nicht so laut die liebesglühnden Lieder,
Zu meiner Qual,
Vom Blüthenast des Apfelbaums hernieder,
O Nachtigall!
Ludwig Hölty (1748-1776)

Poesie zwischen Tradition und Zeitgeist

Es mag einleuchten, dass geistig-literarische Epochen wie
Klassik und Romantik prägende Wegmarken vor allem
freilich für die unmittelbar folgenden Dichter-Schulen, ja
Generationen von Literaten gesetzt haben, die sich ent-
weder einer oft radikalen Gegenbewegung verschreiben
oder nachdrücklich zur Traditionspflege herausfordern.

Die Spannung zwischen Geist und Wirklichkeit wird mit unterschiedlichem Nachdruck ausgefochten. Es gab im allgemeinen deutschen literarischen Leben der Zeit in der Tat sehr viele Poeten, die sich damit zufrieden gaben, die klassischen und romantischen Motive und Formen aufzuarbeiten. Ihre Leser waren dankbar dafür, zumal das Publikum immer nachhinkt und schwieriger Thematik gerne ausweicht. Jene Dichter also, welche ihre Werke so im Kielwasser der Tradition schufen, setzten sich damit dem Vorwurf aus, sich als bloße epigonale Nachfahren zu verstehen. Dies umso mehr, je weniger sie sich der traditionsbedingten Bürden bewusst zu sein schienen. Erinnern wir uns an Goethes Wertung:

„Wenn eine gewisse Epoche hindurch in einer Sprache viel geschrieben und in derselben von vorzüglichen Talenten der lebendig vorhandene Kreis menschlicher Gefühle und Schicksale durchgearbeitet worden, so ist der Zeitgehalt erschöpft und die Sprache zugleich, so dass jedes mäßige Talent sich der vorliegenden Ausdrücke als gegebener Phrasen mit Bequemlichkeit bedienen kann."[14]

Auch Grillparzer ließ sich ähnlich vernehmen, wenn er davon spricht, dass ‚Glanzperioden' für die unmittelbare Zukunft etwas ‚Gefährliches' in sich bergen, da man zu sehr von ihnen durchdrungen sein, in bloßes Nachahmen verfallen und in leerem Formalismus enden könnte. Dies zielte also auch auf die Schwächen eines epigonalen Dichtens hin.

Die Literaturkritik hat in der Überzeugung, dass auf ‚Glanzzeiten' auch wieder solche des Niedergangs folgen würden, für die Lyriker des 19. Jahrhunderts samt und sonders und darum zu häufig den Vergleich ihrer Werke mit denen der Klassik und Romantik herangezogen. Vor allem traute man den Lyrikern der ersten Hälfte jenes Säkulums nicht gerade viel zu.

Daher mag es auch kommen, dass die Gedichte Mörikes einseitig der Spätromantik zugerechnet wurden. Der Droste erging es nicht viel anders, und den Werken der Literaten des Vormärz mit ihren politischen Aussagen verwehrte man schon gar das Prädikat hoher Lyrik.

Bei der heutigen Bewertung gilt es aber, genauere Trennlinien zu ziehen und Verallgemeinerungen auszuschließen. Die Autoren von damals, mochten sie auch verschiedenen Lagern ‚angehören' betrachteten die Lyrik als die bedeutendste literarische Gattung, widmeten sich einem breiten Themenspektrum, das sowohl aus Alltagsthemen wie aus solchen des allgemeinen Interesses schöpfte. Es kann sich dabei also nicht nur um epigonales inhaltliches und formales ‚Nacharbeiten' von klassischen und romantischen Dichtungen gehandelt haben, zumal es vielfach Rückgriffe auf die weit früher liegenden christlich-abendländischen Traditionen und auf das Erbe des 17. und 18. Jahrhunderts gab. Man war überdies bestrebt, bewusst Altes mit Neuem zu verknüpfen, dem Idealismus ebenso Platz einzuräumen wie sich dem bereits aufgehenden Realismus zu öffnen. Das Ganze ergab somit ein großes Angebot an neuen Inhalten ebenso wie einen beachtlichen Formenreichtum.

Es macht sich aber dennoch bald wieder eine Qualitätsminderung der literarischen Erzeugnisse bemerkbar. Vielerlei Schreibklischees treten auf, Typisierungen, Sentimentalitäten, man wendet sich von brennenden Themen der Zeit ab, meidet politische Anklänge. Freilich haben dabei die unglückliche Revolution von 1848, der Fortschrittsglaube im Zuge der Industrialisierung, der neue Stellenwert von Politik, Wirtschaft und Kapital ihren Anteil dazu beigetragen, die schöngeistige Literatur, also auch die Lyrik, an den Rand zu drängen.

Diesen Umschwung, diese Abnahme an Originalität hat einmal **Paul Heyse** so gekennzeichnet:

„Statt der lyrischen Charakterköpfe, deren lyrische Phisiognomie das Interessanteste ist, hat sich eine gewisse zunftmäßige Liederfabrication zur Geltung gebracht, die nach fertigen Schablonen ihren krausen Singsang unter die Leute bringt und freilich spurlos vergehen wird zugleich mit anderen Modekrankheiten und Tracht und Geräth, mit denen eine erfindungslose Zeit sich über ihre eigene Armut betrügt."[15]

Eine solche Situation der schreibenden Zunft und der einschneidende soziale Umbruch im 19. Jahrhundert musste natürlich auch wieder eine gegenläufige Entwicklung begünstigen. Sie bewirkte, dass es zu einer Abwendung von der allgemeinen Orientierungslosigkeit, der wirren gesellschaftlichen und privaten Lage des Einzelnen kam und man sich wieder dem Häuslichen, der Familie und der vertrauten Lebenssphäre zuzuwenden begann. Dort findet die Lyrik auch wieder eine Entfaltungsmöglichkeit. Allerdings beschränkt sie sich zunehmend auf den Kreis der Frauen und Mädchen, die ja weitgehend aus dem öffentlichen und beruflichen Leben ferngehalten wurden. Der Buchhandel richtete sich darauf ein, was dem Aufkommen einer umfangreichen Trivialliteratur entgegenkam und zur Folge hatte, dass sich renommierte Autoren, darunter eben auch Mörike, aus der literarischen Arbeit eher zurückzogen.

In Mörikes lyrischer Werkstatt

Mörikes lyrische Vorwürfe sind mannigfaltig. Doch scheint der Dichter kaum oder keinen Wert darauf gelegt zu haben, seine Werke thematisch, chronologisch oder nach anderen Kriterien zu ordnen, sodass ein von ihm ersonnenes System nicht erkennbar wird. Dies ist umso erstaunlicher, da Mörike an seinen Gedichten oft recht lange, an manchen sogar über Jahre hin, ,gefeilt' hat, wenngleich sich die Modifikationen zwischen Anfangs- und Endfassung im Allgemeinen sehr in Grenzen hielten. So enthält erst die 1867 bei Göschen in Stuttgart erschienene vierte Auflage der *Gedichte* das mit *Erinnerung* betitelte in seiner bleibenden Gestalt, obwohl es Mörike bereits 1822 verfasst hatte. Zugrunde lag dem Dichter stets das Bestreben, dass sich die Werkform, ihre Ausgewogenheit aus dem dichterischen Motiv, dem Inhalt, dessen Aussage also, ergeben müsse.

„Die Form ist doch in ihrer tiefsten Bedeutung ganz unzertrennlich vom Gehalt, ja in ihrem Ursprung fast Eins mit demselben, u. durchaus geistiger, höchst zarter Natur. Nach dem Schulgerechten frage ich nicht, wenn nur *Schönheit* da ist: Ein schöner Gedanke, ein schönes Gefühl kommt, poetisch, nur durch die schöne *Form* zur Erscheinung, ohne sie hat, künstlerisch genommen, ein schöner Gedanke, eine schöne Phantasie eigentlich keinen Werth. Sie muß daher so vollendet als möglich seyn. Sie ist es auch, behaupte ich, welche das Glück des Dichters, ich meine den Beifall, entscheidet; mit recht: denn gute Gedanken, reizende Bilder, Geist &c können auch Andere haben: aber dieß alles in harmonischer, unverrückbar geschlossener Form einschmeichelnd uns wieder zu geben, das ist der Vorzug des Poeten, das bestimmt wesentlich seinen Charakter, seinen Werth für alle Zeiten."[16]

So treten in seltenem Zusammenspiel beständig selbstkritische künstlerische Ambition und auffallende Nonchalance bei der sammelnden Ordnung seiner Texte nebeneinander, auch wenn er sich 1836 vorgenommen hatte, seine „besseren Gedichte zu sammeln und zu revidieren".[17] Das Unterfangen ist aber wohl nur in Ansätzen gelungen und in letzter Konsequenz auch gar nicht auf Vollkommenheit gezielt gewesen. Sein (verloren gegangener) Brief vom 29. Mai 1837 an seinen einstigen Uracher Mitschüler und nachmaligen Professor in Stuttgart (Polytechnikum) Johannes **Mährlen** scheint Letzteres zu bezeugen:

„Was die Anordnung der Stücke mit Zwischentiteln betrifft so bin ich nicht der Meinung. Fürs Erste kann man nicht consequent dabei seyn; dann sind auch einige Rubriken zu dünne gesäet; besonders aber ist es ungezwungener u. *der Mannigfaltigkeit wegen sogar angenehmer* wenn Alles durcheinander steht: mit Ausnahme der Epigramme u. des eigentl. Lustigen: …"[18]

Andererseits liebte Mörike die ordnende Hand von Hermann Kurz, der wohl für die erste Gedichtausgabe bei Auswahl und Anordnung wesentlich mitgewirkt und die Beiträge „bald nach Gleichartigkeit, bald nach dem Kontrast" angeordnet haben muss.[19] Mörike schien es zufrieden damit, sonst hätte er ihm wohl nicht schreiben können: „Das Arrangement meiner Gedichte durch eine Hand wie die Ihrige ist höchst erwünscht u. im Voraus von mir unbedingt ausprobirt."[20] Kurz hatte den Dichter auch dazu gebracht, das Gedicht *An einem Wintermorgen, vor Sonnenaufgang* als erstes in die Sammlung zu stellen und *Um Mitternacht* als letztes.

Die Bemühungen, überzeugende Ordnungskriterien für die Gedichtsammlung festzulegen, woran der frühe Freund Hermann Hardegg (1806-1853) immer wieder mitgewirkt hat, sollten allerdings erst in der Ausgabe letzter Hand von 1867 Endgültigkeit erreichen. Obwohl darin auch nicht klar abgrenzbare Kategorien erkennbar sind, stellt man doch gewisse Zusammenhänge zwischen aufeinander folgenden Texten fest, wie es z. B. der *Peregrina*-Zyklus oder die *Sonette an Luise Rau* ausweisen. Für Letztere teilt Mörike seiner Freundin in einem Brief sogar einiges über die Genese der Sonette mit (1830):

„Den Seitenweg, den ich mit Deinem Briefe machte, entdeckte mir ein vortrefflich angenehmes Örtchen, das ich bisher nicht gekannt hatte. Ein kleiner, von Bäumen und Buschwerk besetzter, abhängiger WiesenWinkel an der lebhaften Lauter, in die sich eine andre Quelle vom Berg her gießt. Dort saß ich nieder, las, dachte und fieng mit Bleistift an zu schreiben, was Du hier als poetische Beigabe erhältst. Dann stieg ich vollends den Wald hinan und spann die Verse fort. Sie kamen recht aus meinem Innersten."[21]

Dies ist also eine der wenigen Mitteilungen des Dichters nach Art eines sehr persönlichen Werkstattberichts. Manchmal erscheinen auch Gedichte in der Form des Distichon in einer Gruppierung. Doch leicht ist es nicht, entsprechende Zusammenhänge zu erkennen, zumal Mörike manche seiner Gedichte oft als solche aus fremder Feder, das Poem, welches sich *Die Schwestern* nennt, sogar als Volkslied ausgegeben hat. Als freundliche Mogelei mag es uns heute erscheinen, wenn er etwa das Gedicht *Akme und Septimus. Nach Catull* andernorts ein zweites Mal abgedruckt und als Übersetzung deklariert wird. Des Öfteren maskiert Mörike also seine Identität, auch das enthebt ihn aller Festlegungen. Dennoch ist sein eigener Duktus nie zu übersehen. Interessant, was er selber dazu ausführt:

„Das ist ein wunderlicher, aber schon tausendmal v. mir verfluchter Zug, *dass ich*, aus einer *dunklen* Besorgniß, ich möchte dem Freund oder Bekannten, den ich zum erstenmal oder auch nach langer Zeit wieder sehe, (der aber im ersten Fall schon v. mir gehört haben muß) in einem ungünstigen Licht erscheinen, *blitzschnell aus meinem eigenen Wesen heraustrete.* Das ist schon so eingewurzelt bey mir, dass ich diese Maske fast bewußtlos annehme u. so den Freund abhalte, mir frey, mit warmen Zutrauen entgegenzukommen, mithin keinem v. beyden, am wenigsten mir selbst damit diene."[22]

Auch scheint Mörike nicht allzu viel von allgemeinen Grundregeln oder Lyriktheorien zu halten, seine Selbstkritik ist oft genug eher als solche an anderen Dichterkollegen zu verstehen. Für ihn gilt die Überzeugung, dass ein dichterisches Werk aus dem eigenen Innern hervorgehen muss, wie er in seinen Briefen immer wieder andeutet, so z. B. in jenem vom März 1830:

Die „Nothwendigkeit äußerer Anregung (und lebendiger Stoffe des Tages) zur Bedingung des eigenen Ideenfonds" verhalte sich „wie 4 zu 80. Wer der letzteren Summe gewiß ist, der findet sie erstere auch als Dorfpfarrer."[23]

Es kann nicht abwegig sein, nach der Lektüre der meisten seiner Gedichte dieser Behauptung Mörikes zuzustimmen. Freilich darf man dabei weder Goethes Originalität oder die eigentliche Erlebnislyrik als Maßstab anlegen. Beides wird bei Mörike immer wieder eher in humoristische Umgebung oder gar ironisches Fahrwasser gelenkt.

Auffallend bei Mörike ist die Vorliebe für den Dialog, das Gespräch mit einem imaginären Partner, in seinem lyrischen Werk. Er verfährt darin ähnlich wie in brieflichen Mitteilungen oder solchen in Zeitungen. Belegt wird dies in einer Vielzahl seiner Titel, in Widmungen oder Fußnoten wie z. B. in **Bilder aus Bebenhausen,** historischen Ergänzungen wie in **Erinna an Sappho.** Oft fügt er auch Skizzen mit humoristischem Anflug hinzu. Auch hier also eine Vielfalt, die es einer ordnenden Hand schwer macht, zu sichten und zu klassifizieren.

Dennoch: Das bedeutendste Werk dieses eigentümlichsten, unter den nachgoetheschen Lyrikern herausragenden Dichter war und ist die Sammlung seiner **Gedichte,** wie sie

1838 in Stuttgart erschien und 1895 ihre 11. Auflage erlebte. Ihre dichterische Bedeutung gründet sich auf eine freie, vollendete Unmittelbarkeit der Anschauung und der Empfindung, die Abstraktes und dem bloßen Schein huldigende Rhetorik meidet. Sie entspringt einer an Innerlichkeit reichen Dichternatur. Ihr sind Lieder im Volkston ebenso gemäß wie solche mit tiefem subjektivem Erfühlen, das den feierlichen Ton der Hymne gleichermaßen trifft wie den schlichten und humoristischen des Idylls.

Es sind sicherlich nicht Vorschusslorbeeren für den Dichter, wenn man aus den positiven literarischen Kritiken resümiert,

dass in Mörikes Gedichten (1838/1848) die lauten Töne fehlen,

dass sich der Klangreichtum des Volkslieds mit Goethescher Gegenständlichkeit verbindet,

dass zur gleichen Zeit eine Art romantischer Märchenlaune in die biedermeierliche Behaglichkeit hineinscheint,

dass dennoch Schönheit und Wirklichkeit, Leben und Kunst sich in spannender Verquickung gegenübertreten,

dass in Mörikes Versen klassische Formenstrenge mit romantischer Naturliebe und realistischer Anschaulichkeit eine Symbiose eingehen,

dass der Dichter lyrische Stimmungen bildhaft und in vollendeter Form einfängt,

dass in seinen Naturgedichten die Natur selber sänge,

dass uns der Lyriker einmal naiv, dann wieder erhaben, objektiv volkstümlich oder subjektiv künstlerisch entgegentritt,

dass sich bei ihm tiefgründiger Ernst mit schalkhaftem Humor mischt, reiche Phantasie mit echtem Gefühl,

dass seine schwäbische Herkunft, Klassik und Romantik ihn zwar rundum beeinflusst, ihm aber seine Eigentümlichkeit und Größe nicht streitig gemacht haben,
dass Mörike einfach vollendete Gedichte schrieb, die zum Schönsten der deutschen Literatur überhaupt gehören.

Eine überzeugende Ordnung bzw. Klassifizierung der Gedichte Mörikes ist unter anderem auch dadurch schwierig, dass – worauf immer wieder wird hingewiesen werden müssen – viele Teile seines Œuvres vom wechselnden Austausch leben, z. B. Inhalte oder inhaltliche Anspielungen sich in den Gedichten berühren, überschneiden, sodass sie bald der einen, bald der anderen poetischen Kunstform zugeordnet werden könnten. Auch zwischen den Gattungen schwingen die Vorwürfe hin und her, sind bewusst oder eher unbewusst aufeinander bezogen. Die vielfachen Modifikationen bis zur Endgestaltung bzw. Veröffentlichung eines Werkes tragen ein Übriges dazu bei.

Die folgenden Gedichtbeispiele bzw. die ihnen angefügten Interpretationsversuche wollen zwar nicht etwa in Ordnungsschemata pressen, wie Mörike sie so nicht beabsichtigt haben würde, dennoch aber sollen sie dem Leser ein wenig Übersicht verschaffen. Sie mögen in der getroffenen Auswahl die Fülle an Motiven, Vorwürfen und lyrischen Kunstformen zu einem gewissen Grad repräsentativ darstellen.

Ein poetisches Fundament

Stellen wir jenes Gedicht an die Spitze unserer Betrach-
tungen, das sich – und aus guten Gründen – am Anfang
der weitaus meisten Zusammenstellungen bzw. Interpre-
tationsserien befindet:

An einem Wintermorgen, vor Sonnenaufgang.
O flaumenleichte Zeit der dunkeln Frühe!
Welch neue Welt bewegest du in mir?
Was ist's, dass ich auf einmal nun in dir
Von sanfter Wollust meines Daseins glühe?

Einem Kristall gleicht meine Seele nun.
Den noch kein falscher Strahl des Lichts getroffen;
Zu fluten scheint mein Geist, er scheint zu ruhn,
Dem Eindruck naher Wunderkräfte offen,

Die aus dem klaren Gürtel blauer Luft
Zuletzt ein Zauberwort vor meine Sinne ruft.
Bei hellen Augen glaub ich doch zu schwanken;
Ich schließe sie, dass nicht der Traum entweiche.
Seh ich hinab in lichte Feenreiche?
Wer hat den bunten Schwarm von Bildern und Ge-
danken
Zur Pforte meines Herzens hergeladen,
Die glänzend sich in diesem Busen baden,
Goldfarbgen Fischlein gleich im Gartenteiche?

Ich höre bald der Hirtenflöte Klänge,
Wie um die Krippe jener Wundernacht,
Bald weinbekränzter Jugend Lustgesänge;
Wer hat das friedenselige Gedränge
In meine traurigen Wände hergebracht?

Und welch Gefühl entzückter Stärke,
Indem mein Sinn sich frisch zur Ferne lenkt!
Vom ersten Mark des heutgen Tags getränkt,
Fühl ich mir Mut zu jedem frommen Werke.
Die Seele fliegt, so weit der Himmel reicht,
Der Genius jauchzt in mir! Doch sage
Warum wird jetzt der Blick von Wehmut feucht?

Ists ein verloren Glück, was mich erreicht?
Ist es ein werdendes, was ich im Herzen trage?
Hinweg, mein Geist! Hier gilt kein Stillestehn:
Es ist ein Augenblick, und Alles wird verwehn!
Dort, sieh, am Horizont lüpft sich der Vorhang
schon!
Es träumt der Tag, nun sei die Nacht entflohn;
Die Purpurlippe, die geschlossen lag,
Haucht, halbgeöffnet, süße Atemzüge:

Auf einmal blitzt das Aug, und, wie ein Gott, der Tag
Beginnt im Sprung die königlichen Flüge!

Das 1825 entstandene Gedicht ist somit ein Werk des
Anfangs. Mörike war gerade 21 Jahre alt. Es mag aus dem
Wohlgefühl hervorgegangen sein, das sich nach einer langen
Zeit der körperlichen Gesundung eingestellt hatte. Aber
auch die Genesung von seelischen Bedrückungen muss
wohl ihren Teil beigetragen haben, wozu die Trennung von
Waiblinger, der schmerzliche Abschied von Maria Mayer,
der hübschen Peregrina, ebenso gehörte wie der Tod seines
geliebten Bruders August von 1824.

Das Karmen erinnert an die **Zueignung** Goethes:

„Der Morgen kam; es scheuchten seine Tritte
Den leisen Schlaf, der mich gelind umfing,
Daß ich, erwacht, aus meiner stillen Hütte
Den Berg hinauf mit frischer Seele ging ..."

Hier wie dort erleben wir zunächst das Ende der Nacht
und den Anbruch des Tages mit wie er sich im dichterischen Empfinden abbildet.

Der **Wintermorgen** ... ist gelegentlich als ‚poetisches Pro-
grammgedicht' bezeichnet worden[24], das eine Vision von
der Geburt des Gedichts überhaupt vertreten könne. Mit
der Erwähnung der Jahres- und Tageszeit lenkt der Dichter unseren Blick auf etwas zu erwartendes Neues. Wie so
viele seiner Gedichte bezieht sich auch das hier betrachtete
auf die Zeitspanne des Übergangs von der Nacht zum Tag.
Darin hat Mörike das Auf- und Absteigen des Daseins wohl
am sinnfälligsten empfunden. Aus den Augenblicken der
„dunkeln Frühe" (1. Str.) schält sich eine „neue Welt". Es
herrscht noch dämmerndes Zwielicht. Auf dieser schwan-
kenden Zeitscheide kann das Erglühen „sanfter Wollust"

stattfinden. Von der Tageshelle wäre da manch „falscher Strahl" (2. Str.) zu fürchten gewesen. Der „Eindruck naher Wunderkräfte" bildet sich zwischen Bewegung und innerer Ruhe, welche dem als romantischen Nachschlag deutbare „Zauberwort" Wirkkraft schenkt. Gleichzeitig ruft sie „den bunten Schwarm von Bildern und Gedanken" (3. Str.) hervor und zeichnet das Bild von der Geburt des Heilands mit den „Hirtenflöten" (4. Str.) in „jener Wundernacht". Das Hin und Her zwischen Innen und Außen, zwischen Traum und Wirklichkeit spiegelt sich auch in der Metapher von den „goldfarbgen Fischlein" (3. Str.) wieder. Im noch vage reifenden Tag erhofft das lyrische Ich Kräftigung, frischen Sinn und Mut „zu jedem frommen Werke" (5. Str.). In solcher Erfahrung gründet sich die sinnenhafte Mitte des Gedichts. Mörike malt endlich in der Schlussstrophe mit dem Pinsel erlesenen Wortes ein anrührendes Bild des Sonnenaufgangs. Das Zwielicht schwindet, die Tageshelle übernimmt das Regiment. Die Kraft des poetischen Anstoßes verebbt. Das Gedicht, von manchen Interpreten den Naturgedichten zugezählt, ist zwar ein frühes, aber dennoch schon vollendetes Werk. Es fällt darum schwer, sich eine überzeugende poetische Weiterentwicklung vorstellen zu können. Es darf mit Recht zu den tragenden Grundpfeilern der Lyrik Mörikes gezählt werden.

Schenken wir Mörikes elementarer Poesie der *Erinnerungen* Augenmerk, so ist festzustellen, dass sie einen großen Teil seines Sinnens und Schreibens einnehmen, wenngleich sie nicht immer unter entsprechendem Stichwort erscheinen. Welches Gedicht hätte da aber eher eine Würdigung verdient als eben jenes einzige aus Mörikes Zeit im ‚Niederen Seminar' zu Urach, das in erster Fassung in die Sammlung von 1822 aufgenommen wurde und sich explizit *Erinnerung* nennt.

Es handelt sich um ein reimloses Gedicht mit trochäischem Versfuß. Der Dichter hatte es dereinst der Freundin seiner Kindheit Klara Neuffer gewidmet, die ihm später allerdings ,untreu' werden und sich ihm entziehen sollte. Die modifizierte (zweite) Fassung aus den Sechzigerjahren schreitet von der allegorischen Orientierung, in welcher sich Regen und Sonne zu einem Regenbogen vereinen und stellvertretend auf eine liebende Begegnung zu zielen scheinen, zu der Einbeziehung des einschneidenden Endes der Kindheit. Nun keimt bewusste Liebesfähigkeit auf. Insoweit können die Zeilen auch als Liebesgedicht verstanden werden.

Zur Elegie wird die persönliche Erinnerung, sobald sich eine Begegnung mit der Geliebten in verschränkten Zeitebenen dartut und eben festhält, „dass wir uns wie Kinder freuten". Die Gedichtstelle mag dem Schweizer Germanisten Emil Staiger Recht geben:

„Erinnerung gewährt die Seligkeit, welche die Gegenwart versagt."[25]

Es wird sozusagen eine Erinnerung ,erinnert':

„Und im Weitergehen dacht ich
Unsrer ersten Jugendspiele".

Das Kindsein erscheint als unbewusstes Glück und tritt nun dem bewussten Schmerz gegenüber, den die Zeit der anbrechenden Jugend bereithalten kann. Der Vorgang wird als eine Art Vertreibung aus dem Paradies empfunden. Der Jüngling errötet und schenkt der Geliebten eine Rose. Die Erinnerung korrespondiert hier für Mörike bedeutsam mit ,Mnemosyne', der Mutter der antiken Musen und somit mit dem Aufgang der Poesie überhaupt. Bei Mörike ist die wiederholte und wiederholende Erinnerung eher wichtiger als der augenblickliche Vorgang.

Zur Vervollständigung der als Fundament der Lyrik Eduard Mörikes geltenden Gedichte darf auch das folgende nicht fehlen:

Besuch in Urach

(1) Nur fast so wie im Traum ist mirs geschehen.
Daß ich in dies geliebte Tal verirrt.
Kein Wunder ist, was meine Augen sehen,
Doch schwankt der Boden, Luft und Staude schwirrt,
Aus tausend grünen Spiegeln scheint zu gehen,
Vergangne Zeit, die lächelnd mich verwirrt;
Die Wahrheit selber wird hier zum Gedichte,
Mein eigen Bild ein fremd und hold Gesichte.

(2) Da seid ihr alle wieder aufgerichtet,
Besonnte Felsen, alte Wolkenstühle!
Auf Wäldern schwer, wo kaum der Mittag lichtet
Und Schatten mischt mit balsamreicher Schwüle.
Kennt ihr mich noch, der sonst hierher geflüchtet,
Im Moose, bei süß-schläferndem Gefühle,
Der Mücke Sumsen hier ein Ohr geliehen,
Ach, kennt ihr mich, und wollt nicht vor mir fliehen?

(3) Hier wird ein Strauch, ein jeder Halm zur Schlinge,
Die mich in liebliche Betrachtung fängt;
Kein Mäuerchen, kein Holz ist so geringe,
Daß nicht mein Blick voll Wehmut an ihm hängt:
Ein jedes spricht mir halbvergeßne Dinge;
Ich fühle, wie von Schmerz und Lust gedrängt
Die Träne stockt, indes ich ohne Weile,
Unschlüssig, satt und durstig, weiter eile.

(4) Hinweg! Und leite mich, du Schar von Quellen,
Die ihr durchspielt der Matten grünes Gold!
Zeigt mir die urbemoosten Wasserzellen,
Aus denen euer ewigs Leben rollt,
Im kühnsten Walde die verwachsnen Schwellen,
Wo euer Mutter Kraft im Berge grollt,
Bis sie im breiten Schwung an Felsenwänden
Herabstürzt, euch im Tale zu versenden.
(5) O, hier ists, wo Natur den Schleier reißt!
Sie bricht einmal ihr übermenschlich Schweigen;
Laut mit sich selber redend, will ihr Geist,
Sich selbst vernehmend, sich ihm selber zeigen.
- Doch ach, sie bleibt, mehr als der Mensch verwaist,
Darf nicht aus ihrem eignen Rätsel steigen!
Dir biet ich denn, begierge Wassersäule,
Die nackte Brust, ach, ob sie dir sich teile!

(6) Vergebens! Und kein kühles Element
Tropft an mir ab, im Grase zu versinken.
Was ists, das deine Seele von mir trennt?
Sie flieht, und möchte ich auch in dir ertrinken!
Dich kränkts nicht, wie mein Herz um dich entbrennt,
Küssest im Sturz noch diese schroffen Zinken;
Du bleibest, was du warst seit Tag und Jahren,
Ohn ein'gen Schmerz der Zeiten zu erfahren.

(7) Hinweg aus diesem üppgen Schattengrund
Voll großer Pracht, die drückend mich erschüttert!
Bald grüßt beruhigt mein verstummter Mund
Den schlichten Winkel, wo sonst halb verwittert
Die kleine Bank und wo das Hüttchen stund;
Erinnrung reicht mit Lächeln die verbittert
Bis zur Betäubung süßen Zauberschalen;
So trink ich gierig die entzückten Qualen.

(8) Hier schlang sich tausendmal ein junger Arm
Um meinem Hals mit inngem Wohlgefallen.
O säh ich mich, als Knaben sonder Harm,
Wie einst mit Necken durch die Haine wallen!
Ihr Hügel, von der *alten* Sonne warm,
Erscheint mir denn auf keinem von euch allen
Mein Ebenbild, in jugendlicher Frische
Hervorgesprungen aus dem Waldgebüsche?

(9) O komm, enthülle dich! Dann sollst du mir
Mit Freundlichkeit ins dunkle Auge schauen!
Noch immer, guter Knabe, gleich in dir,
Uns beiden wird nicht voreinander grauen!
So komm und laß mich unaufhaltsam hier
Mich deinem reinen Busen anvertrauen! –
Umsonst, daß ich die Arme nach dir strecke,
Den Boden, wo du gingst, mit Küssen decke!

(10) Hier will ich denn laut schluchzend liegen bleiben,
Fühllos, und alles habe seinen Lauf! –
Mein Finger, matt, im Gras beginnt zu schreiben:
„Hin ist die Lust! Hab alles seinen Lauf! –
Da, plötzlich, hör ichs durch die Lüfte treiben,
Und ein entfernter Donner schreckt mich auf;
Elastisch angespannt mein ganzes Wesen
Ist von Gewitterluft wie neu genesen.

(11) Sieh! Wie die Wolken finstre Ballen schließen
Um den ehrwürdgen Trotz der Burgruine!
Von weitem schon hört man den alten Riesen,
Stumm harrt das Tal mit ungewisser Miene,
Der Kuckuck nur ruft sein einförmig Grüßen
Versteckt aus unerforschter Wildnis Grüne, -
Jetzt kracht die Wölbung, und verhallet lange,

Das wundervolle Schauspiel ist im Gange!

(12) Ja nun, indes mit hoher Feuerhelle
Der Blitz die Stirn und Wange mir verklärt,
Ruf ich den lauten Segen in die grelle
Musik des Donners, die mein Wort bewährt:
O Tal! Du meines Lebens andre Schwelle!
Du meiner tiefsten Kräfte stiller Herd!
Du meiner Liebe Wundernest! Ich scheide,
Leb wohl! – und sei dein Engel mein Geleite!

Das zentrale Anliegen des Gedichts ist der Erinnerungen
weckende Besuch des 21-jährigen Mörike im Ort seiner
einstigen theologischen Ausbildung. Als 23-jähriger Lyriker
vergleicht er darin das Damals mit dem Heute.
   (1) Nur fast so wie im Traum ist mirs geschehen,
   Daß ich in dies geliebte Tal verirrt."
Der Ort des Geschehens wird eigentlich gar nicht genannt. Freilich sind aber die erwähnte Gegend, das Gewitter reale Erscheinungen, doch wirkenden Sinn für das
Gedicht bekommen sie erst in der Erinnerung. Ähnliches
gilt für die „Mücke" oder das „Mäuerchen" (2. u. 3. Str.), aber
im Grunde ist dies dennoch nur schöner Schein. Das ganze
Schauspiel der Natur mündet in drückende Erschütterung
(7. Str.).
Fast traumhaft wird selbst diese reale Umgebung zu-
rückgerufen:
   (2) „Da seid ihr alle wieder aufgerichtet,
   Besonnte Felsen, alte Wolkenstühle!"
In der so unmittelbar gezeichneten Natur soll der Mensch
mit Hilfe der Quellen (4. Str.) seinen Weg finden können.
Doch will dies nicht ohne weiteres gelingen. Die Erscheinungen der Natur sperren sich, bleiben eigenartig fremd.
Sie können nicht „aus ihrem eignen Rätsel steigen" (5. Str.).

So kann auch der Mensch nicht wirklich Anteil nehmen an ihren Wesen. Wenn manche Interpreten das Werk zu den Naturgedichten zählen, dann aber mit dem Hinweis, dass ein klangvoller Akkord zwischen der Natur und der erlebenden Seele nicht zustande kommen kann.[26] Mörikes Hommage an die Natur lässt das Gedicht wohl eher als „Schlüsseltext der auslaufenden romantischen Epoche" erscheinen.[27] Es wird eine neue Wirklichkeit geschaffen, wenn etwa von den „tausend grünen Spiegeln" (1. Str.) die Rede ist. Dem Verirrtsein in einer geographisch undefinierten Landschaft gesellt sich in der 3. Strophe auch eine Gefühlsverwirrung hinzu; wo ist „Lust", wo „Schmerz"? Es bleibt nur der Rückzug in sich selbst, in die Erinnerungen. Dem Ich schmerzen aber nicht die verflossenen Seligkeiten, die Augenblicke in der „Betäubung süßer Zauberschalen" (7. Str.), sondern sein eigenes Ebenbild von einst. Ein rechtes Einswerden gibt es nicht. Dem „Vergebens" (6. Str.) stellt sich nun das „Umsonst" (9. Str.) zur Seite. Hier scheint ein Absturz in den „Schattengrund" (7. Str.) nicht mehr vermeidbar, obwohl eine eigentliche Resignation nicht recht deutlich wird. Jedenfalls mündet das Gedicht in die Gegenwart ein, wenngleich auch sie nicht in der Lage ist, ihr Wesen offen zu legen.

Es ist auch hier so - wie so oft bei Mörike – dass sich alles zwischen Traum und Wirklichkeit abspielt, auch hier an der Grenze zwischen Innen und Außen also. Diese gegenseitige Berührung gebiert Reibung, welche den „Blitz" (12. Str.) hervorruft. Dieser bringt das Ich zu sich selbst zurück, obschon er gleichzeitig einen Abschied, ein „Leb wohl!" einläutet. Damit verabschiedet sich ja das erlebende Ich von der Natur, aber auch von sich selbst, wo doch nach Franz Germann es immer Mörikes Angst war, „sich selbst zu verlieren".[28]

Der Besitz bleibt etwas Flüchtiges. Er korrespondiert als räumliche Wiederholung mit jener zeitlichen der **Erinnerung** und wird daher zu einem Eckstein in Mörikes Lyrik. Das harmonische Ganze wird zur Erinnerung einer Erinnerung. Urach ist also nicht des „Lebens andre Schwelle" (12. Str.), sondern Anstoß zu schweifender Phantasie. Das Gedicht hat eine Schlüsselfunktion für das Verständnis von Mörikes Gesamtwerk.

Naturlyrik

Die poetische Meisterschaft Mörikes verleiht auch den verhaltensten Regungen im Leben der Natur Schönheit und Bedeutung. Sie bringt geheime und geheimnisvolle Saiten zum Klingen. Das Menschendasein bettet sich in das der Natur und erfüllt seinen Schöpfungssinn, wenn es ihren Wegen folgt. Tiefe Verbundenheit zur Natur und ihren Wundern kommt zum Ausdruck in

Er ists
Frühling läßt sein blaues Band
Wieder flattern durch die Lüfte;
Süße, wohlbekannte Düfte
Streifen ahnungsvoll das Land.
Veilchen träumen schon,
Wollen balde kommen.

- Horch, von fern ein leiser Harfenton!
Frühling, ja du bists!
Dich hab ich vernommen!

Der Titelheld Nolten, der im zweiten Teil des gleichnamigen Romans das Krankenlager verlassen hat und sich zu erholen gedenkt, vernimmt den „Lieblichsten Gesang … wovon wir wenigstens einen Vers anführen wollen". So flattert also zum ersten Mal das schon geflügelte „blaue Band" des Frühlings und unseres Buchtitels „durch die Lüfte". Wir erfahren weiter: „Die Strophen bezeichneten ganz jene zärtlich aufgeregte Stimmung, womit die neue Jahreszeit den Menschen, und den Genesenden weit inniger als den Gesunden, heimzusuchen pflegt."
Das Gedicht besingt nicht einfach den Frühling, sondern mit den Worten „ja du bists!" erkennt das zunächst versteckte literarische Ich seine stete Wiederkehr. Dahinter verbirgt sich eine gewisse Fragehaltung gegenüber den Erscheinungen der Natur.

Bleiben wir beim Roman vom *Maler Nolten,* in welchem Mörike einem weiteren, wohl meditativeren Frühlingsgedicht folgende Zeilen vorausschickt:

„Den Maler übernahm eine mächtige Sehnsucht … ein süßer Drang nach einem namenlosen Gute, das ihn allenthalben aus den rührenden Gestalten der Natur so zärtlich anzulocken und doch wieder in eine unendliche Ferne sich ihm zu entziehen schien. So hing er seinen Träumen nach, und wir wollen ihnen, da sie sich von selbst in Melodien auflösen würden, mit einem liebevollen Klang zu Hülfe kommen."

Im Frühling
Hier lieg ich auf dem Frühlingshügel:
Die Wolke wird mein Flügel,
Ein Vogel fliegt mir voraus.
Ach, sag mir, all-einzige Liebe,
Wo *du* bleibst, daß ich bei dir bliebe!
Doch du und die Lüfte, ihr habt kein Haus.

Der Sonnenblume gleich steht mein Gemüte offen,
Sehnend,
Sich dehnend
In Lieben und Hoffen.
Frühling, was bist du gewillt?
Wann werd ich gestillt?

Die Wolke seh ich wandeln und den Fluß,
Es dringt der Sonne goldner Kuß
Mir tief bis ins Geblüt hinein;
Die Augen, wunderbar berauschet,
Tun, als schliefen sie ein,
Nur noch das Ohr dem Ton der Biene lauschet.
Ich denke dies und denke das,
Ich sehne mich und weiß nicht recht, nach was:
Halb ist es Lust, halb ist es Klage;
Mein Herz, o sage,
Was webst du für Erinnerung
In golden grüner Dämmerung?
- Alte unnennbare Tage!

Das Gedicht erschien zunächst 1828 im ‚Morgenblatt
für gebildete Stände' und mag beim Leser die Erinnerung
an den Pantheismus Hölderlins im **Hyperion** wecken, wo
geschrieben steht:

„Eines zu sein mit Allem, was lebt, in seeliger Selbstvergessenheit wiederzukehren ans All der Natur, das ist der Gipfel der Gedanken und Freuden."

Hinter den Versen Mörikes mag eine gewisse Unsicherheit lauern. Das erlebende Ich scheint sich selbst in unbestimmbarer Zeit zu verlieren, es kommt nicht zur Ruhe, ist mit sich selbst uneins, es denkt „dies" und denkt „das", und „halb ist es Lust, halb ist es Klage". Die Sehnsucht erfährt keine Erfüllung. Hinter allem aber lebt die Erinnerung an „alte unnennbare Tage".

Im Frühling modifiziert die althergebrachte Frühlingspoesie und deutet sie so um, dass sie mit bislang ungewohnter Ausdruckskraft den Blick auf neue Gefühle und Empfindungen wie Unruhe, Geheimnis u. a. weist.

Man sollte das Gedicht verhalten sprechend lesen, um das Auf und Ab der Stimmung nachzuempfinden, auch um zu erkennen wie Sprachtönung und Reim sich in den Schwebezustand der Aussage, des Gefühlten fügen.

Wegen Mörikes Vorliebe für die Augenblicke des Übergangs von der Nacht zum Tag – wie schon z. B. im *Wintermorgen* – schiebt sich auch das Naturereignis zwischen Erinnerung („noch") und Vorahnung („bald") in dem Gedicht

Septembermorgen
Im Nebel ruhet noch die Welt,
Noch träumen Wald und Wiesen:
Bald siehst du, wenn der Schleier fällt,
Den blauen Himmel unverstellt,
Herbstkräftig die gedämpfte Welt
In warmem Golde fließen.

Das Gedicht, auf den Oktober 1827 datiert — Mörike hatte ein Jahr zuvor seine Vikariatszeit begonnen - tritt mit seinen lediglich zwei Reimen zwar in der Wirkung einfach auf, scheint auch einfach in der Wortwahl, leicht und wie selbstverständlich im Rhythmus, doch ist seine Form kunstvoll, die nach Mörikes Ansicht „in ihrer tiefsten Bedeutung unzertrennlich vom Gehalt" ist. Mörike zeichnet kein unmittelbares Bild von den natürlichen Erscheinungen, reflektiert nicht, enträt allen Erklärungen, schenkt dafür aber umso mehr an ‚poetischem Gefühl'.

Wenn es stimmt, wie Novalis einmal behauptete „Das Außen ist ein in Geheimniszustand erhobenes Inneres", dann stünde dieses Wort wohl als treffliches Motto über Mörikes gleichfalls 1827 entstandenem Gedicht, in welchem er die Nacht zur allegorischen Figur erhebt:

Um Mitternacht
Gelassen stieg die Nacht ans Land,
Lehnt träumend an der Berge Wand,
Ihr Auge sieht die goldne Waage nun
Der Zeit in gleichen Schalen stille ruhn;
    Und kecker rauschen die Quellen hervor,
    Sie singen der Mutter, der Nacht, ins Ohr
        Vom Tage,
Vom heute gewesenen Tage.
Das uralt, alte Schlummerlied,
Sie achtets nicht, sie ist es müd;
Ihr klingt des Himmels Bläue süßer noch,
Der flüchtgen Stunden gleichgeschwungnes Joch.
    Doch immer behalten die Quellen das Wort,
    Es singen die Wasser im Schlafe noch fort
        Vom Tage,
Vom heute gewesenen Tage.

Schon beim ersten Lesen überrascht die Eigenart der Bewegung, die in der vierten Zeile auszulaufen scheint, um aber sogleich wieder „kecker" zurückzukehren. Spannung und Entspannung wechseln in wohltuendem Gleichmaß. Das Gedicht hat bis zu seiner Endfassung eine ganze Reihe von Modifikationen erfahren. Es sollten eben alle Schattierungen der Wahrnehmungen durch Sinne und Gefühl ihren Ausdruck im treffenden Wort, sozusagen im ‚mot juste' (Flaubert) finden.

Die Verse leben vom Gegenüber von Nacht und Tag, Nacht und Quellen. Auch die formale Struktur weist eine gewisse Antithese auf. Jede der beiden zweiteiligen Strophen wird getragen vom Wechsel zwischen gesammelter Ruhe, welche die Nacht in jambischen Zeilen verkörpert, und der in Daktylen gesetzten rastlosen Beschwingtheit der Quellen. Antagonistisch ist beides aber deswegen nicht. Einerseits ist die Nacht ja die Mutter der Quellen, andererseits singen die Quellen der Mutter ein „Schlummerlied".

Die Mitternacht gilt vordergründig als der Zeitpunkt, in welchem ein Tag durch einen folgenden abgelöst wird. Solcher Übergang wird auch im Wechsel der Tempora verdeutlicht. Er schreitet von „Gelassen stieg die Nacht …" aus der - inzwischen vergessenen − Vergangenheit in die Gegenwart fort mit „Doch immer behalten die Quellen …" und damit sogar weiter in die Zukunft, in der ewig das Gleiche geschehen wird. Nichts ist abgeschlossen.

Folgt man den Gedankenschritten des Gedichts, so lässt sich feststellen, dass einerseits Übergang und gelinde Gegensätzlichkeit vom Gestern zum Heute, vom Tag zur Nacht, von Ruhe zur Bewegtheit sich beständig überlagern, wenngleich mit unterschiedlichem Nachdruck. Der Traum der Nacht „sieht" die „goldne Waage" zwischen gestern und heute als „gleichgeschwungnes Joch" zwischen Vorher und Nachher. Die „flüchtgen Stunden" stehen in einem Augenblick der Gegenwart im Gleichgewicht. Zwei andere Deutungen sprechen von dem Reimpaar

„Ihr Auge sieht die goldne Waage nun
Der Zeit in gleichen Schalen stille ruhn; …“

zum einen davon, dass in der ersten Schale der Tag, in der zweiten die Nacht läge. Das bezöge sich dann allerdings auf die Abenddämmerung, in welcher ja Tag und Nacht um ein Gleichgewicht bemüht scheinen. Zum anderen ließe sich der Gleichstand der beiden Schalen so auslegen, dass diese tagsüber im Auf und Ab wechselnder Belastung schwanken. Um erst nachts in eine ausgeglichene Lage zu gelangen. Das rätselhafte „Joch“ – real eine Holzstange, die über die Schulter gelegt an beiden Ende gleich schwere Lasten zu tragen erlaubt -, kann man als das Himmelsgewölbe in ruhigem Ausgewogensein wie bei einer Waage erklärt finden. Allen Interpretationsversuchen ist jedoch im Wesentlichen gemeinsam, dass sie die Bewegung von Tag zu Tag bzw. Nacht zu Tag in einen ruhenden Augenblick eingefangen wähnen. Die Zeit bleibt aber nicht stehen. Das symbolisieren die „Quellen“, die sowohl *erinnern* an das, was „heute gewesen …“, als auch „kecker“ weiterrauschen, Vergänglichkeit und Aufbruch ‚zu neuen Ufern' verkörpern.

Um Mitternacht ist nicht lediglich ein nächtliches Stimmungsbild oder bloßes Naturgedicht, sondern legt eben unterschiedliche Richtungen der Zeitwahrnehmung offen. Ein überlegendes lyrisches Ich im eigentlichen Sinne ist nicht auszumachen. An seiner Stelle müssen sowohl die „Nacht“ als auch die „Quellen“ genügen. Darum kann das Gedicht auch ein gewisses Geheimnis wahren. Sein Entstehungsjahr (1827) lässt es zwischen klassischen Elementen wie der ruhigen Gelassenheit der Aussage und solchen der Romantik mit der allegorisierend aufbereiteten Nacht oszillieren.

Nach dem bislang im Zusammenhang mit Naturlyrik zu einigen Gedichten Mörikes Festgestellten mag der geneigte Leser versucht sein, sich analoge Gedanken zu folgendem Gedicht zu machen:

In der Frühe

Kein Schlaf noch kühlt das Auge mir,
Dort gehet schon der Tag herfür
An meinem Kammerfenster.
Es wühlet mein verstörter Sinn
Noch zwischen Zweifeln her und hin
Und schaffet Nachtgespenster.
- Ängste, quäle
Dich nicht länger, meine Seele!
Freu dich! Schon sind da und dorten
Morgenglocken wach geworden.

Worin lägen hier hinsichtlich Gehalt und Gestalt Ähnlichkeiten mit vorausgegangenen Gedichten, wo Unterschiede?
Etwa:

- Wie wären die Aussagen räumlich und zeitlich einzuordnen?
- Wie steht es um das lyrische Ich?
- Wie passt der Reim zu den Äußerungen?
- Was ist über das Fortschreiten der Gedanken zu sagen? Was ist schließlich deren Ergebnis?
- Was ist das eigentliche Anliegen des Dichters? Worauf kommt es ihm an? Was will er uns letztlich sagen?
- Wie könnte ein Leser das Gedicht persönlich, aus eigener Erfahrung, bewerten?

Auch bei der Betrachtung des folgenden Gedichts verharrt der Dichter zwischen Traum und Tag.

Früh im Wagen
Es graut vom Morgenreif
In Dämmerung das Feld,
Da schon ein blasser Streif
Den fernen Ost erhellt.

Man sieht im Lichte bald
Den Morgenstern vergehn
Und doch am Fichtenwald
Den vollen Mond noch stehn:

So ist mein scheuer Blick,
Den schon die Ferne drängt,
Noch in das Schmerzensglück
Der Abschiedsnacht versenkt.

Dein blaues Auge steht,
Ein dunkler See, vor mir,
Dein Kuß, dein Hauch umweht
Dein Flüstern mich noch hier.

An deinem Hals begräbt
Sich weinend mein Gesicht,
Und Purpurschwärze webt
Mir vor dem Auge dicht.

Die Sonne kommt; - sie scheucht
Den Traum hinweg im Nu,
Und von den Bergen streicht
Ein Schauer auf mich zu.

Auch hier befinden wir uns also in der gespannten Phase des Übergangs von Nacht zu Tag, werden emphatische Augenblicke empfunden, das Betroffensein durch die Zeit. Das Gedicht fixiert diese Augenblicke ebenso wie schon *„An einem Wintermorgen, vor Sonnenaufgang"*. Hier wie dort endet der Traum als die Sonne aufgeht. Die Natur wird zum Medium für menschliches Empfinden und Wahrnehmen. Sie wird sozusagen ‚übertragen'. Es ist unschwer zu erkennen, dass es sich nicht um ein frühes Gedicht handeln wird. Tatsächlich stammt es aus der Spätphase in Mörikes Schaffenszeit. Es gehört auch nicht gerade zu den bekanntesten Werken des Dichters und ist an der Trennlinie zwischen wachem und kaum wachem Dasein angesiedelt. In der noch kühlen Morgenstunde muss Mörike sich besonders daheim gefühlt haben, kommt er doch immer wieder auf sie zurück. Die Verse haben wenig Romantisches. Der Fichtenwald ragt zackig in jene morgenfrühen Stunden, Mond und Morgenstern zeigen sich in kalter Härte. In doppelten Reimen – die eigentlich gar nicht Mörikes Sache waren - treten sie nebeneinander, der stete Wald und das Morgenlicht: „ …im Lichte bald … am Fichtenwald", was das Außen stellvertretend für das Innen bedrückend („scheuer Blick") bewusst machen will. Schließlich entrollen sich aus der Erinnerung genau gezeichnete Bilder, schaffen nicht nur Augen-, sondern auch Gehörs- und Gefühleindrücke auch aus den unmittelbar vergangenen Augenblicken eines Abschieds. „An deinem Hals begräbt / Sich weinend mein Gesicht / Und Purpurschwärze webt …". Das geheimnisvolle „Schmerzensglück" klingt hier nach. Vor den Augen des lyrischen Ichs lässt die „Purpurschwärze" Äußeres und Inneres ineinander fließen. „Die Sonne kommt" schließlich, allerdings nicht gerade freundlich. Es ist also nicht der Helios aus Goethes *West-östlichem Divan*. Der Traum löst sich ebenso auf wie das „Schmerzensglück", zurück bleibt „Schauer" als ein im Grunde fragwürdiges Geheimnis. Es ist im ganzen Gedicht wenig die Rede von seiner landschaftlichen und zeitlichen Einbettung. Beides bleibt verhüllt hinter einem Tränenschleier, lässt aber dennoch die sich dahinter verbergende Seelenlage aufscheinen.[29]

Liebeslyrik

Mörike steht auch mit seinen Liebesgedichten in der vordersten Reihe der großen deutschen Lyriker. Erstaunlich einfach offenbaren sich in frei fließenden Rhythmen Liebesfreuden, Liebesklagen und Herzeleid im *Peregrina-Zyklus*. Er hat eine recht illustre Entstehungsgeschichte. Sein größter Teil (I-IV) ist uns im so genannten ,Grünen Heft', der Stuttgarter Sammelhandschrift für Dorchen Mörike überliefert worden. Der Dichter hat später nacheinander die Teile II, I, IV und V in den *Maler Nolten* – Roman eingebaut. Die Texte erinnern in vielem – aber nicht in allem – an die Begegnung Mörikes mit der bezaubernden Maria Meyer, der Elisabeth oder Agnes im Roman. Doch rein biographisch ist das Ganze nicht, betrifft es doch auch die Geschlechterbeziehung ganz allgemein zwischen Eros und Agape.

I

„Der Spiegel dieser treuen braunen Augen
Ist wie von innrem Gold ein Widerschein;
Tief aus dem Busen scheint ers anzusaugen,
Dort mag solch Gold in heilgem Gram gedeihn.
In diese Nacht des Blickes mich zu tauchen,
Unwissend Kind, du selber lädst mich ein -
Willst, ich soll kecklich mich und dich entzünden
Reichst lächelnd mir den Tod im Kelch der Sünden!"

Diese Stanze eröffnet den Zyklus und spielt auf das ambivalente Gesicht der Liebe an. Einerseits gaukelt das Bild vom Spiegel Treue vor: „… wie von innrem Gold ein Widerschein", um andererseits gleich wieder an Täuschung und Scheinhaftigkeit denken zu lassen. Liebe gibt sich hier auch als dunkle Macht zu erkennen, wobei aber nicht einfach eine dämonische Weiblichkeit, wie sie die umherziehende Peregrina verkörpert, gemeint sein kann. Die letzte Verszeile verweist doch auf die gemeinsame Übertretung eines Gebotes durch die Liebenden und kann als eine Anspielung auf das Verhalten des ersten Menschenpaares im Garten Eden gedeutet werden.

II
(1) Aufgeschmückt ist der Freudensaal.
…Säulengleich steigen, gepaart,
Grün-umranket, eherne Schlangen, …

Auch dieses zweite Gedicht lässt den Gedanken an den biblischen Sündenfall aufkommen, wenn das Bild der Schlangen entworfen wird.

(2)   Aber die Braut noch wartet verborgen
In dem Kämmerlein ihres Hauses. …

Der Vers dokumentiert die Vorstellung von der warten-
den Braut anlässlich einer bürgerlichen Hochzeit, während die Hochzeitsfeierlichkeiten allerdings nicht bei Tag,
sondern in der Nacht vor sich gehen, nicht in der Kirche
stattfinden, sondern im Garten. Die Braut trägt – wie in
Schwaben zu Mörikes Zeit üblich – ein schwarzes Kleid.

(3)   Später im Lärmen des Festes
Stahlen wir seitwärts uns beide
Weg, nach den Schatten des Gartens wandelnd,
Wo im Gebüsch die Rosen brannten,
Wo der Mondstrahl um Lilien zuckte, …

Die Zeilen greifen nach dem antiken Liebessymbol der
Rose, das man der Venus vorbehalten hatte, wie gleichfalls
nach der Lilie, welche Juno, der Beschützerin der Ehe zu-
gedacht war.
In der letzten Versgruppe

„Eh das Frührot schien,
Eh das Lämpchen erlosch im Brautgemache,
Weckt ich die Schläferin,
Führte das seltsame Kind in mein Haus ein." -

finden wir uns mit dem erlebenden Ich endgültig in der
bürgerlichen Eheordnung wieder.

III
(1)   Ein Irrsal kam in die Mondscheingärten
Einer einst heiligen Liebe.
Schaudernd entdeckt ich verjährten Betrug.

Und mit weinendem Blick, doch grausam,
Hieß ich das schlanke,
Zauberhafte Mädchen
Ferne gehen von mir.
Ach ihre hohe Stirn,
War gesenkt, denn sie liebte mich;
Aber sie zog mit Schweigen
Fort in die graue
Welt hinaus.
Krank seitdem,
Wund ist und wehe mein Herz.
Nimmer wird es genesen!

Das dritte der Peregrina-Gedichte veranschaulicht die Verwirrung, in der das Ich durch Täuschung und ‚Betrug‘ geworfen wird. Es handelt sich also um Zeilen des Liebesverrats. Allerdings hat nicht nur die Frau den Mann getäuscht, sondern der hatte sich selber ‚geirrt‘.

Interessant an diesen Versen ist, dass Peregrina zwar zuerst als Verachtete „mit Schweigen / Fort in die graue / Welt hinaus" entschwindet, um am Ende wieder „treuherzig", vielleicht voller ‚Reue‘? zurückzukehren:
…

Und ihr Auge, treuherzig zu mir aufschauend,
Sagte, da bin ich wieder
Hergekommen aus weiter Welt!

IV
Warum, Geliebte, denk ich dein
Auf einmal nun mit tausend Tränen, …

Das vierte Gedicht des Zyklus bedient sich einer neuen Gestalt, wendet sich von den antikisierenden freien Rhythmen des vorausgehenden Hochzeitsgedichtes ab und mün-

det in jambisches Versmaß ein, um Schmerz und Trennung, Schuld und Unschuld adäquat auszudrücken. Liebe
steht eben zunächst wieder in Unschuld, im „ … hellen
Kindersaal, / Beim Flimmer angesteckter Kerzen …“. Die
Verse versöhnen mit dem „Bildnis mitleid-schöner Qual"
für kurze Zeit, sehen aber am Schluss der Peregrina-Texte
(V) die Endgültigkeit der Trennung voraus und ein: „Sie
kehrt sich ab, und kehrt mir nie zurück".

Das den Zyklus beschließende Sonett mischt heidnisch-
antike und biblisch-christliche Ideen, stellt Agape und Eros
gegenüber:

V
(1) Die Liebe, sagt man, steht am Pfahl gebunden,
Geht endlich arm, zerrüttet, unbeschuht;
Dies edle Haupt hat nicht mehr, wo es ruht,
Mit Tränen netzet sie der Füße Wunden.

Die Liebe, Agape, am „Pfahl" gemahnt an die Leidens-
geschichte Christi ebenso wie „das edle Haupt" daran erinnert. In Anspielung auf Platon zielt die zweite Zeile auf
den „unbeschuht(en)" Eros. In der romantischen Literatur
treffen wir des Öfteren auf die Verquickung von Liebe,
Wahnsinn und Tod.

(2) Ach, Peregrinen hab ich so gefunden!
Schön war ihr Wahnsinn, ihrer Wange Glut,
Noch scherzend in der Frühlingsstürme Wut,
Und wilde Kränze in das Haar gewunden.

Vollziehen die beiden Quartette des Sonetts den Schritt
von der leidenden zur erotisch erfüllten, aber todbringen-
den Liebe, so liefern die folgenden Terzette eine Bewegung

in der Gegenrichtung bis zum endgültigen Verlust, womit sich der Kreis der poetischen Kunde von Peregrina rundet:

(3) Wars möglich, solche Schönheit zu verlassen?
- So kehrt nur reizender das alte Glück!
O komm, in diese Arme dich zu fassen!

(4) Doch weh! O weh! Was soll mir dieser Blick?
Sie küßt mich zwischen Lieben noch und Hassen,
Sie kehrt sich ab, und kehrt mir nie zurück.

Mörike entlockte seiner Feder neben den tragischen, wenn auch hochpoetischen Liebesgedichten des Peregrina-Zyklus z. B. mit den Zeilen an *Die Geliebte* – gemeint ist seine erste Braut Luise Rau - verhalten anrührende Verse in der Form des Sonetts. Seine liebende Zuneigung scheint zunächst voller Nachdruck gewesen zu sein, sodass er religiöse Einblendungen für geboten erachtete, wie dies in einem Brief von 1830 zum Ausdruck kommt:

„Mir ist, als hätten wir uns gehört seit Ewigkeiten - und doch – der sonderbare Gegensatz! Mir ist, als müss' ichs heut erst erfahren und begreifen lernen. Dies Gefühl des höchsten Glückes wird dann so überwältigend und groß, daß es keinen Ausweg findet als in brünstigem Danke gegen Den, der Alles so wunderbar gefügt".[30]

Immer wieder entstehen ‚Kompositionen' über *Liebesglück* und *Neue Liebe,* Treue und Untreue, die alle bald erhaben zärtlich, bald höchst irdisch voller Leidenschaft das ewige Thema der Geschlechterbeziehung einfangen. Erwähnt sei *Josefine,* das die erste scheue Begegnung

des Dichters mit einem Mädchen zum Thema hat, oder
das glühende *Liebesvorzeichen* oder *Nimmersatte Liebe*
(1828).

Nach des Dichters eigenen Worten entsteht als „das Letzte aus der naiv sentimentalen Gattung"[31] **Suschens Vogel,**
ein Gedicht, das wesentliche Merkmale des Volkslieds aufweist, wie doppelte Verneinung, ungebeugte Adjektive als
Attribute, wie das „Herzlein rot" des Geliebten, zu dem das
untreue Geschöpf mit seinem „Herzvogel" zurückkehren
will. Die Verse erinnern an die untreue und unglückliche
Peregrina.

Lieder

Das Lied als älteste Form der Lyrik ist ein sangbares Gedicht. Mörikes vornehmste Zeit für die poetische Inspiration war – wie es zu wiederholen gilt – die früheste Morgenstunde, die Stunde von der Nacht zum Tag. Ihr widmete er auch eines seiner wohl eindrucksstärksten ‚Lieder im Volkston':

Ein Stündlein wohl vor Tag
Derweil ich schlafend lag,
Ein Stündlein wohl vor Tag,
Sang vor dem Fenster auf dem Baum
Ein Schwälblein mir, ich hört es kaum,
Ein Stündlein wohl vor Tag,

„Hör an, was ich dir sag!
Dein Schätzlein ich verklag:
Derweil ich dieses singen tu,
Herzt er ein Lieb in guter Ruh,
Ein Stündlein wohl vor Tag,

O weh, nicht weiter sag!
O still, nichts hören mag!
Flieg ab, flieg ab von meinem Baum!
- Ach, Lieb und Treu ist wie ein Traum
Ein Stündlein wohl vor Tag,

Das ‚einfache' Lied dreht sich also um die immer wieder zum dichterischen Vorwurf erkorene Untreue des
Geliebten. In den schlichten, scheinbar unauffälligen und
ohne künstlerischen Anspruch auftretenden Versen liegt
somit Bekanntes, ‚Volkstümliches'. Die populäre Liedform
in der Art eines Rollengedichtes kommt leicht ‚erzählend'
daher und enthält mehrere Kennzeichen des Volkslieds,
so die Kunde der Schwalbe, Füllwörter wie z. B. „wohl" im
nachdrücklichen Refrain, eine Anzahl Verkleinerungsfor-
men sowie gängige Wortpaarungen („Lieb und Treu") oder
Wiederholungen („Flieg ab, flieg ab ..."). Gerade sie sind ja
volksliedtypisch und lassen an das unvollendete Gedicht
„An eine Nachtigall" von Ludwig Hölty denken, wo es heißt
„Fleuch hin, fleuch hin!" Im Übrigen entspricht dies auch
der Thematik Mörikes (vgl. auch die Leitsentenz unter der
Überschrift zu dem Kapitel dieses Buches **Mörike, der Lyriker**). Die eingesetzten Kunstmittel, etwa unterschiedlich
lange Verszeilen, nicht alltägliche Strophenform, rhyth-
mische Verlagerungen verfehlen ihre Wirkung nicht, um
die erwartete einfache Liedstrophe poetisch weit höher
einzustufen. Das Reimpaar in der Mitte (2. Str.)

Derweil ich dieses singen tu,
Herzt er ein Lieb in guter Ruh, …

zieht die Erinnerung herbei an das so genannte Tagelied im Mittelalter, wo auch der Vogelsang eine wichtige Rolle spielte, besonders eben als Botschafter für den anbrechenden Tag. Doch ist das bei Mörike anders. Der Vogel scheint Unbill zu künden, singt er doch von Untreue, was die Zeilen auch als Liebeslied ausweist, wenn auch als ‚negatives'.

Etliche Parallelen zu dem **„Stündlein …"** lassen sich auch zu dem vor ihm meistvertonten Gedicht Mörikes **Das verlassene Mägdlein** (1829) ziehen, das auch im Roman Nolten erscheint und ebenfalls die Treulosigkeit als Traumerlebnis thematisiert.

Das verlassene Mägdlein
Früh, wann die Hähne krähn,
eh' die Sternlein verschwinden,
muß ich am Herde stehn,
muß Feuer zünden.

Schön ist der Flammen Schein,
es springen die Funken,
ich schaue so drein,
in Leid versunken.

Plötzlich, da kommt es mir, treuloser Knabe,
daß ich die Nacht von dir
geträumet habe.

Träne auf Träne dann
Stürzet hernieder,
so kommt der Tag heran –
o ging er wieder!

Auch hier – wie mehrfach bei Mörike – verhindert die Wehmut über das Vergangene die Ausschau nach dem Zukünftigen. Das ‚romantische' Gedicht, das sich selbst in *Des Knaben Wunderhorn* gut ausnehmen würde, stellt uns an den Tagesanbruch und zeigt ein selbstvergessenes Ich, das sich träumend vergangener Tage als einen Verlust erinnert. Es gibt auch keine Hoffnung auf ein neues Leben oder eine neue Liebe. Es bleibt nur der leere Wunsch, dass etwas nicht so sein möge wie es ist. Der Schluss des ebenso schlichten wie kunstvollen Gedichts mag man nach Emil Staigers These „ebenso als privatesten Wunsch verstehen wie als Bekenntnis einer ganzen Generation, die nach der Nacht romantischer Träume einer uneingeweihten, öden Realität entgegensah".[32]

Es wäre noch eine ganze Reihe von ‚Liedern' zu nennen, die im Volkston von Liebesfreud und Liebesleid singen. Man denke neben den beiden eben hier angeführten auch an *Agnes*, *Die Soldatenbraut*, *Der Gärtner* oder das *Jägerlied*. In Letzterem geht es vor allem um Liebesbeweise auch aus der Ferne, was im vergleichbaren Gedicht *Der Jäger* seine Entsprechungen findet. Nach Liebesstreitereien kommt das Pärchen doch wieder glücklich zusammen: „Und küß und hab mich wieder!" Auch das Gedicht *Die Schwestern* zeigt Volksliedcharakter. Die unzertrennlichen und nicht voneinander unterscheidbaren Schwestern leben zunächst völlig in dieser Einheitlichkeit, die allerdings durch einen Streich aufgehoben wird, was einem Liebes-

zwist gleichkommt. Die beiden „einerlei Liebchen" trennen sich einer eigenen Liebe wegen.
Dem Volkslied kommt Mörike auch mit übermütigen Tönen in *Jung Volker, Jung Volkers Lied* oder der launigen *Storchenbotschaft* nahe.

Mörike bezeichnet einige seiner Texte selbst als ‚Gesänge', ganz im Sinne des Hölderlin'schen Begriffs. Dazu gehört z. B. der *Gesang zu Zweien in der Nacht,* ein in musikalische Verse gesponnener Dialog zwischen Liebenden. Er zeichnet sich zwar durch genaue Beobachtung aus, überlässt aber die Aussage einer unbestimmten Offenheit

„Indes mit ungewissem Licht gestreift,
Der Himmel selber scheinet hinzuschwimmen".

Das Lied erscheint sowohl in der Gedichtausgabe von 1838 als auch im *Maler Nolten* (Orplid-Zwischenspiel).

Desgleichen hat Mörike auch der Göttin Orplids zwei Strophen gewidmet im

Gesang Weylas.
Du bist Orplid, mein Land!
Das ferne leuchtet;
Vom Meere dampfet dein besonnter Strand
Den Nebel, so der Götter Wange feuchtet.

Uralte Wasser steigen
Verjüngt um deine Hüften, Kind!
Vor deiner Gottheit beugen
Sich Könige, die deine Wärter sind.

Orplid taucht aus der Leere auf, wird mit Nähe („mein Land!") und Ferne („Das ferne leuchtet"), mit Land und Meer, Sonne und Nebel sowie Alter und Jugend in Beziehung gesetzt. Insel und Göttin erscheinen gleichermaßen transzendent.

Mörikes Hang zielte also auch auf antikisierende Stoffe. Er glaubte, dadurch von „jenem modernen Unwesen, von dem man doch wider Willen mehr oder weniger mit sich schleppt", frei zu werden. Aber auch vor ihm machten die Spannungen der Zeit, vor ihren Beunruhigungen nicht Halt, wie die Betrachtung des Nolten-Romans verdeutlichen wird.

Elegien

Man könnte geneigt sein, bei folgendem Werk *An eine Äolsharfe* beim ersten Hinsehen an ein Dinggedicht zu denken. Das ist es aber ganz und gar nicht. Der herrschende wehmütige Grundton, wie ihn schon die Römer Ovid, Catull, Tibull oder Properz pflegten, weist die *Äolsharfe* als Elegie, als Klagelied über Trennung, Tod, Verlust, als Offenbarung einer Sehnsucht nach etwas Unerreichbarem aus. Die Klage wird von der Erinnerung Mörikes an den verstorbenen Bruder August getragen.

Das berühmt gewordene Gedicht baut sich anschließend an das lateinische Motto nach Horaz („Tu semper urges flebilibus modis …") aus drei klar abgegrenzten Abschnitten mit sieben, elf und wieder sieben Versen auf. In der ersten Strophe vermittelt es im Klang der vom Wind angerühr-

ten Saiten für einen Augenblick das Einssein der Seele im
erlebenden Ich mit seiner Umgebung:

(1) Angelehnt an die Efeuwand
Dieser alten Terrasse,
Du, einer luftgebornen Muse
Geheimnisvolles Saitenspiel,
Fang an,
Fang wieder an
Deine melodische Klage!

Erinnerungen wachsen alsbald aus den Klängen heraus
und rufen die Seele in die Gegenwart. Dies kann aber nicht
dauern, die Schönheit stirbt dahin im Symbol der Rose:

(2) Ihr kommet, Winde, fern herüber,
Ach! Von des Knaben,
Der mir so lieb war,
Frisch gründendem Hügel.
Und Frühlingsblüten unterwegs streifend,
Übersättigt mit Wohlgerüchen,
Wie süß bedrängt ihr dies Herz!
Und säuselt her in den Saiten,
Angezogen von wohllautender Wehmut,
Wachsend im Zug meiner Sehnsucht,
Und hinsterbend wieder.

(3) Aber auf einmal,
Wie der Wind heftiger herstößt,
Ein holder Schrei der Harfe
Wiederholt, mir zu süßem Erschrecken,
Meiner Seele plötzliche Regung;
Und hier – die volle Rose streut, geschüttelt,
All ihre Blüten vor meine Füße!

Der so sinnträchtige Augenblick bleibt subjektiv. Er erwacht nur in der Erinnerung zum Leben, ist nicht mehr ‚allgemein gültig' wie er es noch im Klassizismus hätte sein können.

Wehmütige Erinnerung schleicht sich immer wieder in die Gedichte Mörikes. So z. B. auch in dem Gedicht *Ach nur einmal noch im Leben*. Die Situation ist ähnlich wie in der *Äolsharfe*. Die Zeichen von Verfall und ‚Hinsterben' werden noch deutlicher. Auch hier erklingt eine Harfe durch den Garten, der allerdings als „ungepflegte Spätherbst-Blumen-Einsamkeit" bezeichnet wird. Das lyrische Gedicht Mörikes scheint zu einem Ort zu werden, in welchen Schönheit, Einheit und Sinnenhaftigkeit mehr und mehr als unwiederbringlich erfahren werden.

Die schöne Buche
Ganz verborgen im Wald kenn ich ein Plätzchen, da stehet
    Eine Buche, man sieht schöner im Bilde sie nicht.
    Rein und glatt, in gediegnem Wuchs erhebt sie sich einzeln,
    Keiner der Nachbarn rührt ihr an den seidenen Schmuck.
Rings, soweit sein Gezweig der stattliche Baum ausbreitet,
    Grünet der Rasen, das Aug still zu erquicken, umher;
Gleich nach allen Seiten umzirkt er den Stamm in der Mitte;
    Kunstlos schuf die Natur selber dies liebliche Rund.
Zartes Gebüsch umkränzet es erst; hochstämmige Bäume,

Folgend in dichtem Gedräng, wehren dem himm-
lischen Blau.
Neben der dunkleren Fülle des Eichbaums wiegt
die Birke
Ihr jungfräuliches Haupt schüchtern im goldenen
Licht.
Nur wo, verdeckt vom Felsen, der Fußsteig jäh sich
hinabschlingt,
Lässet die Hellung mich ahnen das offene Feld.
- Als ich unlängst einsam, von neuen Gestaden des
Sommers
Ab dem Pfade gelockt, dort im Gebüsch mich verlor,
Führt' ein freundlicher Geist, des Hains
auflauschende Gottheit,
Hier mich zum erstenmal, plötzlich, den Staunen-
den, ein.
Welch Entzücken! Es war um die hohe Stunde des
Mittags,
Lautlos alles, es schwieg selber der Vogel im Laub.
Und ich zauderte noch, auf den zierlichen Teppich
zu treten;
Festlich empfing er den Fuß, leise beschritt ich
ihn nur.
Jetzo gelehnt an den Stamm (er trägt sein breites
Gewölbe
Nicht zu hoch), ließ ich rundum die Augen
ergehn,
Wo den beschatteten Kreis die feurig strahlende Sonne,
Fast gleich messend umher, säumte mit
blendendem Rand.
Aber ich stand und rührte mich nicht:
dämonischer Stille,
Unergründlicher Ruh lauschte mein innerer Sinn.
Eingeschlossen mit dir in diesem sonnigen Zauber –

Gürtel, o Einsamkeit, fühlt ich und dachte nur
dich!

Bei dem Gedicht mag man sich an die Höhepunkte
elegischer Dichtung bei Klopstock, Goethe (Marienbader
Elegie), Schiller, Hölderlin oder Rilke (Duineser Elegien)
erinnert fühlen. In der antikisierenden Versform des Disti-
chons wird hier zunächst sachlich die Örtlichkeit dargelegt,
wie sie Mörike in einem Glückwunschbrief an Hartlaub
(Sommer 1842) erwähnt:

„... zum Geburtstag will ich Dir ein kleines Abenteuer vertrauen das mir am späten Abend jenes Tages begegnete. Ich machte nemlich, um recht still an
Dich zu denken, des Nachmittags einen Spaziergang
in den Wald. Die Sonne schien und ein Gewitter das
uns drohte, war ohne einen tropfen Regen vorüber-
gezogen. Ich weiß nicht hab ich Dir jene offene stelle
im Walde gezeigt wo einst ein See gelegen war? Jetzt
wächst ein schönes Gras darauf, das man nur eben
frisch abgemäht hatte. Der Platz ist ein längliches
Viereck, ein ziemlich vertieftes doch ganz ebenes
Bette. An der vordern schmalen Seite, wo man her-
kommt, ist ein dammartig aufgeworfener, mit dichtem Moos überzogener Hügel, worauf die schönste
Buche steht. Da setzte ich mich nieder, hing meinen
Träumereien nach, indeß die Amsel musicirte, und
zog zuletzt ein Buch, welches wir ehmals beide
gleichsehr liebten.“[33]

Die „schönste Buche“ selber wird im Gedicht eigentlich
nirgends genauer beschrieben. Überhaupt wandelt sich die
Realität in ein ‚dichterisches Gemälde‘. Die bestimmende
Grundform ist die des Kreises („Rings, soweit sein Ge-

zweig ...“). Sie steht im geschilderten Locus amoenus im Mittelpunkt. Natur und Kunst geraten jedoch alsbald in ein antithetisches Verhältnis zueinander. Einerseits: „Eine Buche, man sieht schöner im Bilde sie nicht“ (Vers 2); andererseits: „Kunstlos schuf die Natur selber dies liebliche Rund“ (Vers 8). Das Gedicht kann für sich schon als Kreis begriffen werden, der nahezu idyllisch an Verborgenes, an ein Dasein im begrenzten Raum gemahnt. Die ‚Mitte‘ beherbergt nicht lediglich den Buchenstamm, sondern auch das angelehnte lyrische Ich, was ein Gleichgewicht von Natur und Mensch symbolisiert. Der zweite Teil des Gedichts ist darum auch von der Begegnung dieses Ichs mit der Natur getragen. Das Ich, der Künstler, übernimmt dabei die gestaltende Funktion.

Es handelt sich also nicht etwa um ein Dinggedicht, nicht um die reale Buche, sondern um deren gestaltende Übertragung durch die Kunst der Poesie.

Gedankenlyrik

Verborgenheit
Laß, o Welt, o laß mich sein!
Locket nicht mit Liebesgaben,
Laßt dies Herz alleine haben
Seine Wonne, seine Pein!

Was ich traure, weiß ich nicht,
Es ist unbekanntes Wehe;
Immerdar durch Tränen sehe
Ich der Sonne liebes Licht.

Oft bin ich mir kaum bewusst,
Und die helle Freude zücket
Durch die Schwere, so mich drücket
Wonniglich in meiner Brust.

Laß, o Welt, o laß mich sein!
Locket nicht mit Liebesgaben,
Laßt dies Herz alleine haben
Seine Wonne, seine Pein!

Mörike hat dieses Gedicht im Alter von 28 Jahren (1832)
geschrieben. Wie erwähnt, war er in den vorausgegangenen
vier Jahren als Aushilfskraft von einer Pfarrstelle auf eine
andere versetzt worden, hatte sich mit Luise Rau verlobt,
sich aber schließlich wieder von ihr getrennt. Im genannten
Jahr erschien auch sein *Maler Nolten*. Ein viel späterer
Kollege Mörikes, Hermann Burger (1942-1989), hat einmal
gesagt: „Was die Größe dieses Gedichtes ausmacht, ist das
nahtlose Ineinander von Wonne und Pein ...nicht himmel-
hoch jauchzend, nicht zum Tode betrübt, beides miteinander und ineinander." Es ist ein Stück ‚Weltschmerz', das
hier die poetische Situation bestimmt.

Von schmerzenreichster „Lust", von ehrner
„göttergleiche(r) Brust" tönt auch das Gedicht *Die Elemente,* an die abstrakte Gedankenlyrik Schillers ebenso wie an
Hölderlins Vorstellung, Gott und Mensch auszusöhnen, er-
innernd. Nur dann könnte eine wirkliche Gotteskindschaft
möglich werden:

„Das Tiefste wirst du endlich schauen,
Begreifen lernen all dein Tun".

Das *Märchen vom sichern Mann* bewältigt als eine Art
homerischer Hexameter-Erzählung augenscheinlich die in
den *Elemente*(n) nicht völlig gemeisterte Lage, indem es
sie in humoristischer Weise auflöst. Die Rede ist von einem
einfältigen Hünen, den ein Göttersohn dazu verleitet, ein
unförmiges Buch aus gestohlenen Scheunentoren zusam-
menzutragen und darauf den Ursprung der Welt niederzu-

schreiben. Der Text soll dann den Seelen in der Unterwelt vorgetragen werden.

In seiner *Herbstfeier* lässt Mörike eine Hymne in klassischer Tradition, allerdings in eigener Wortwahl entstehen:

> „- Doch nach solcher Götterfülle
> Ungestümen Überschwang
> Werden alle Herzen stille,
> Alle Gäste zauberbang."

Mörikes Hinwendung zur Antike — es sei an die Übersetzung der Idyllen Theokrits erinnert — stand natürlich Pate bei seinen antikisierenden Gedichten wie z. B. *Auf eine Uhr mit drei Horen* oder dem Dinggedicht *Auf eine Lampe*.

Als in seiner Schaffenszeit letztes bedeutendes Werk, das dieser Reihe zugezählt werden kann, entstand *Erinna an Sappho* (1863). Es lenkt die Gedanken unmittelbar auf die alleinige, unangefochtene menschliche Erkenntnis der Sterblichkeit aller Erdenbewohner. Diese Tatsache macht trotz aller Gewissheit — oder gerade ihretwegen — zutiefst betroffen. Der Augenblick des Sterbens wird als persönliche, tragische Erfahrungssicherheit eines jungen Menschen vorgestellt. Das Gegenüber von heiterem Tagesanbruch und innerem Wirrsal macht erschrecken, ist für das Ich kaum begreifbar und muss in die Außenwelt transponiert werden, um objektivierenden Abstand zu schaffen.

„Seltsam betraf mich im Spiegel Blick in Blick".

Nicht dem Augenblick, sondern der Erinnerung gehört die Frage:

„Augen, sagt ich, ihr Augen, was wollt ihr?"

Die Tatsache, dem Tode mit Bestimmtheit verfallen zu sein, wird gar nicht unmittelbar, sondern erst nach der Beruhigung der Gefühle der Heldin ausgesprochen.

„Lange staunend" habe Erinna in die Kluft hinabgeschaut, ihre Todessituation überdacht. Ihr Erschrecken wird durch dessen briefliche Offenbarung an Sappho abgeschwächt. Es wäre anders auch nicht möglich gewesen, darüber zu sprechen. Erinna muss sozusagen ihren Tod als eigene Erfahrung nach außen kehren und ihn selber aus Sapphos und der Freunde Sicht beurteilen. Dann erst kann sie ihre Gedanken darüber äußern. Das Eigenste selbst scheint ohnehin nur über andere und anderes, wie etwa ein Zitat oder ein ‚altes Liedchen' sagbar.

Religiöse Lyrik

Mörike bleibt mit seinen religiös getönten Gedichten dem geläufigen Genre treu. Es sind feierliche Oden und Hymnen, die hierzu zu zählen sind. Auch in den Vorgängen der Natur erkennt Mörike das geheimnisvolle Walten eine Weltengeistes. So in dem von Brahms vertonten Gedicht:

Auf eine Christblume

I

(1) Tochter des Walds, du Lilienverwandte,
So lang von mir gesuchte, unbekannte,
Im fremden Kirchhof, öd und winterlich,
Zum erstenmal, o schöne, find ich dich!

(2) Von welcher Hand gepflegt du hier erblühtest,
Ich weiß es nicht, noch wessen Grab du hütest;
Ist es ein Jüngling, so geschah ihm Heil,
Ists eine Jungfrau, lieblich fiel ihr Teil.

Es handelt sich hier nicht um ein einfach zu deutendes Gedicht. Das literarische Ich muss wohl eine Vorstellung von der Blume gehabt haben, wie hätte es sonst so lange nach ihr Ausschau halten können. Darum überrascht es schon, dass es sie beim endlichen Auffinden mit großer Verwunderung wahrgenommen hat.

(4) Schön bist du, Kind des Mondes, nicht der
Sonne; Dir wäre tödlich andrer Blumen Wonne,
Dich nährt, den keuschen Leib voll Reif und Duft,
Himmlischer Kälte balsamsüßer Luft.

Es sind Nacht, Mond und Tod, die ihr "am fremden Kirchhof" den Schleier des Geheimnisvollen, des Religiösen umlegen.

(5) In deines Busens goldner Fülle gründet
Ein Wohlgeruch, der sich nur kaum verkündet;
So duftete, berührt von Engelshand,
Der benedeiten Mutter Brautgewand.

In dieser zarten Fremdheit offenbart sich der Blume Unschuld und Unbeflecktheit und lässt an Bilder von der bräutlichen Jungfrau Maria denken.

(6) ...
Doch kindlich zierst du, um die Weihnachtszeit,
Lichtgrün mit einem Hauch dein weißes Kleid.

Auch die Farben der Blüte bleiben zart lichtgrün neben dem Weiß des ‚Brautkleids‘, wozu sich Elfentanz „im lichterhellen Grunde" mystisch zugesellen (7). Das ganze Umfeld des Gedichts taucht ins Religiöse, dem Titel trefflich zugepasst.

II

(8) Im Winterboden schläft, ein Blumenkeim,
Der Schmetterling, der einst um Busch und Hügel
In Frühlingsnächten wiegt den samtnen Flügel;
Nie soll er kosten deinen Honigseim.

(9) Wer aber weiß, ob nicht sein zarter Geist,
Wenn jede Zier des Sommers hingesunken,
Dereinst, von deinem leisen Dufte trunken,
Mir unsichtbar, dich blühende umkreist?

Im zweiten Teil dieses Doppelgedichts verlässt also das betrachtende Ich den gegenwärtigen Augenblick und macht sich Gedanken über die Zukunft. Blume und Falter begegnen sich nur in der Vorstellung, nie real; denn die Christblume entfaltet nur im Winter ihre Blüten, der Schmetterling dagegen hat im Sommer seine Zeit.

Die folgenden schlichten Verse von 1832, deren zweiter Abschnitt in den Roman vom **Maler Nolten** als Morgengebet der Agnes aufgenommen wurden, sind dort als Rollenlyrik zu verstehen. Die leidgeprüfte Heldin kämpft um ihr seelisches Gleichgewicht, um die Mitte ihrer Existenz, die sie aber nicht zu finden vermag.

Gebet
Herr! Schicke, was du willt,
Ein Liebes oder Leides;
Ich bin vergnügt, daß beides
Aus deinen Händen quillt

Wollest mit Freuden
Und wollest mit Leiden
Mich nicht überschütten!
Doch in der Mitten
Liegt holdes Bescheiden.

Ob das *Gebet* nur vordergründig als Gebet im theologischen Sinn zu bewerten ist, sei dahingestellt, ein großartiges Gedicht ist es allemal. Die Verse — obwohl zu verschiedenen Zeiten geschrieben — wirken wie aus einem Guss und mögen auch ein wenig biographisches Zeugnis des Dichters bedeuten: Was er in der ersten Strophe noch recht „vergnügt" äußert, wird in der zweiten relativiert bzw. zurückgenommen und scheint die Sorge von einem Zuviel zu offenbaren. Es ist zunächst nicht der gottergebene Mensch, der hier ‚betet', sondern jemand, der gelitten hat, und weiß, was ihm fürderhin frommen müsste.

Zu Mörikes weiteren Gedichten mit religiösem Hintergrund wären auch die ‚Szenen' aus dem Umkreis der Kartäuserklöster zu zählen wie *Dem Herrn Prior der Kartause I* (1846) oder *Besuch in der Kartause* (1861). Verwandte Thematik zeigt freilich auch das Gedicht *Schlafendes Jesuskind*, wo ein fiktives Bild im Mittelpunkt steht. Deutlicher wird diese noch in *Göttliche Reminiszenz,* wobei nicht die unmittelbare Betrachtung einer Versteinerung durch den fünfjährigen Jesusknaben, sondern die dadurch hervorgerufene Erinnerung des Schöpfungsaktes zentral ist, die aber zukunftsweisend wirkt. Allerdings wird auch die Trennlinie zwischen Gott und Mensch deutlich, wenn vom Erlöser die Rede geht: „Den Mund jedoch entfremdet unnennbarer Reiz." Die Betrachtung bleibt flüchtig, „ein Erinnern, das im gleichen Nu / Erloschen sein wird".

Wie würde der geneigte Leser im Vergleich zum eben vorgestellten *Gebet* folgendes Gedicht einschätzen?
- Was kann daran als ‚religiös' bezeichnet werden?
- Welches kirchliche Geschehen ließe sich mit den Versen in Verbindung bringen?
- Was wäre zu den einleitenden fünf Zeilen zu erwähnen?

Zum neuen Jahr

Wie heimlicherweise
Ein Englein leise
Mit rosigen Füßen
Die Erde betritt,
so nahte der Morgen.
Jauchzt ihm, ihr Frommen,
ein heilig Willkommen!
Ein heilig Willkommen,
Herz, jauchze du mit!

In ihm sei's begonnen,
der Monde und Sonnen
an blauen Gezelten
des Himmels bewegt.
Du, Vater, du rate!
Lenke du und wende!
Herr, dir in die Hände
sei Anfang und Ende,
Sei alles gelegt!

Dinggedichte

Das Dinggedicht zielt allgemein nicht auf die Schilderung einer Stimmung ab, sondern beschreibt einen Gegenstand (vgl. C. F. Meyer, Rilke).

Auf eine Lampe
Noch unverrückt, o schöne Lampe, schmückest du,
An leichten Ketten zierlich aufgehangen hier,
Die Decke des nun fast vergeßnen Lustgemachs.
Auf deiner weißen Marmorschale, deren Rand
Der Efeukranz von goldengrünem Erz umflicht,
Schlingt fröhlich eine Kinderschar den Ringelreihn.
Wie reizend alles! Lachend, und ein sanfter Geist
Des Ernstes doch ergossen um die ganze Form –
Ein Kunstgebild der echten Art. Wer achtet sein?
Was aber schön ist, selig scheint es in ihm selbst.

Beim ersten Hinsehen könnte man an Goethes *Faust* erinnert sein und es durch die Aussage, nach welcher das Schöne „in sich selber selig" bleibe, mit einer klassischen Vorstellung von Schönheit zu tun zu haben. Aber um solch absolute Vorstellung von Schönheit geht es hier wohl nicht. Das „Noch unverrückt" bedeutet ohnehin bereits eine Einschränkung für die Zukunft und die ursprüngliche Aufgabe des „Lustgemachs" ist gleichfalls schon „fast vergessen". Bei Mörike stellt sich überdies der Gedanke ein, dass sich die – vergängliche – Schönheit im Kunstwerk verbirgt, „in ihm" verbleibt, wie es aus der letzten Zeile zu lesen ist.

An ihr entzündete sich eine Kontroverse zwischen dem Schweizer Philologen Emil Staiger[34] und dem Philosophen Martin Heidegger. Letzterer spricht der Lampe ein sinnlich erfassbares Scheinen zu, das nach Hegel eine Idee offenbare. Das Leuchten wäre demnach ein Symbol für ein „Kunstgebild der echten Art". Nach Staiger könne nicht von einem Scheinen im Sinne von ‚leuchten' die Rede sein, sondern müsse im Sinne von ‚nur scheinbar' verstanden werden. Das klassisch Schöne gäbe es also nur scheinbar und in zeitlicher Begrenzung, wie die dadurch hervorgerufene Hochgestimmtheit nur scheinbar sei. In der Klassik wie heute gelte lediglich „Was aber schön ist, selig scheint es in ihm selbst". Der Biedermeierdichtung ‚scheint' es entgegenzukommen, eher die Interpretation Staigers zu bestätigen. Das Gedicht beschreibt überdies nicht das Ding ‚Lampe', sondern redet sie an „*Auf* eine Lampe". Mörike ruft am Ding nicht die Zeitlosigkeit herbei, sondern das Bewusstsein einer dennoch ‚seligen' Vergangenheit.

In einem letzten umfangreicheren literarischen Zyklus mit elf Epigrammen bzw. Miniaturen stellte Mörike seine *Bilder aus Bebenhausen* (1863) vor, wie er sie bei einem Besuch jener von den Tübinger Pfalzgrafen errichteten Zisterzienserabtei in der Nähe von Tübingen als ein „Gebild des fühlenden Geistes" geschaut hatte.

Die durch den Geist imitierte und durch gliedernde Kunst zu eben dessen Zeugnis gestaltete Natur erscheint im Gedicht nicht als Ding an sich, sondern wird zu einem inneren Bild für die wiederholende Erinnerung.

Eingestreut enthält der Zyklus neun Texte, die bestimmten Einrichtungen bzw. Gebäuden gelten, darunter das

Sommer-Refektorium

Sommerlich hell empfängt dich ein Saal; man glaubt sich in einem

Dom; doch ein heiterer Geist spricht im Erhabnen dich an.

Ha, wie entzückt aufsteiget das Aug' im Flug mit den schlanken

Pfeilern! Der Palme vergleicht fast sich ihr luftiger Bau.

Denn vielstrahlig umher aus dem Büschel verlaufen die Rippen

Oben und knüpfen, geschweift, jenes unendliche Netz,

Dessen Felder phantastisch mit grünenden Ranken der Maler

Leicht ausfüllte; da lebt, was nur im Walde sich nährt:

Frei in der Luft ein springender Eber, der Hirsch und das Eichhorn;

Habicht und Kauz und Fasan schaukeln sich auf dem Gezweig.

- Wenn, von der Jagd herkommend, als Gast hier speiste der Pfalzgraf,

sah er beim Becher mit Lust über sich sein Paradies.

Es wird also das Sommer-Refektorium des Klosters Bebenhausen poetisch beschrieben. Der gotische Bau schließt
sich im Süden an den Kreuzgang an, der 1335 an Stelle eines
romanischen Gebäudes errichtet worden war. Der Raum
ist von ausnehmender Schönheit. Er stützt sich auf drei
schlanke Achteckpfeiler, von denen die Rippen des Stern-
gewölbes ausstrahlen.

Mörike hat sein Gedicht aus sechs Distichen aufgebaut,
von denen je zwei zu einer Gruppe zusammengefügt sind.
Die einleitenden Verse 1 und 2 sowie die abschließenden
11 und 12 haben dabei selbständigen Charakter. Der Saal
wird in drei Schritten vorgestellt: die Verse 1-4 beschrei-
ben den ersten Eindruck des Besuchers über die klassische
Schönheit des Raumes: „…ein heiterer Geist spricht im
Erhabnen dich an". Das Auge gleitet dann an den palmen-
gleichen Pfeilern hinauf, wie die Verse 5-8 es ausdrücken,
zu den Feldern, welche allerlei Jagdtiere aus den Wäldern
um Tübingen abbilden, sodass selbst der jagdfreudige Pfalzgraf schließlich „mit Lust über sich sein Paradies" zu sehen
vermochte.

Dieses Dinggedicht passt in seiner klassischen Distichen-
form zu der klassischen Schönheit des Refektoriums.

Idyllen

Bei den Idyllen (von griech. Eidyllion) handelt es sich landläufig um Dichtungen in Prosa und Poesie, in denen das friedliche, ungestörte Dasein von Hirten und Schäfern (oft auch von Dorfpfarrern und Schulmeistern) festgehalten ist. Hingabe an die Natur, Empfindsamkeit kennzeichnen sie gleichermaßen. Ihre Blütezeit hatte die Idylle als Dichtungsform in der Schäferdichtung von Barock und Rokoko erlebt.

Je älter Mörike wurde, desto mehr Freude fand er an der Idyllendichtung, d. h. an einer dem Märchen nahen Welt der Vorstellung. Den Reiz solch beschaulichen Stilllebens schildert er oft liebenswürdig und humorvoll. Dabei hebt er auch die Sphäre des Alltags in die anspruchsvolle Poesie empor wie etwa in *Erbauliche Betrachtung, Häusliche Szene, Ländliche Kurzweil.*

Mörike flieht in seiner *Wald-Idylle,* die er auch selbst als solche bezeichnet, in die irreale Welt der Hirten, Bauern und Jäger. Ihn rührt die Gedankenscheide zwischen Idylle und augenblicklicher Wirklichkeit. Das schon zu Lebzeiten des Dichters volkstümlich gewordene Gedicht, das selbst Iwan Turgenjew auswendig wusste, ist

Der alte Turmhahn.
Zu Kleversulzbach im Unterland
An die zweihundert Jahr ich stand,
Auf dem Kirchenturm ein guter Hahn;
Als ein Zierrath und Wetterfahn
In Sturm und Wind und Regennacht
Hab ich allzeit das Dorf bewacht;
Manch falber Blitz hat mich gestreift;
Der Frost mein' rothen Kamm bereift;
Auch manchen lieben Sommertag,
Da man gern Schatten haben mag,,
Hat mir die Sonne unverwandt
Auf meinen goldigen Leib gebrannt.
So ward ich schwarz für Alter ganz,
Und weg ist aller Glitz und Glanz …

Dieser Turmhahn, 1840 abgenommen von der Kirche zu Cleversulzbach, dort, wo Mörike sich ja mit 39 Jahren in den Ruhestand hatte versetzen lassen. Die für den Dichter folgende Zeit war bekanntermaßen keine Idylle der Behaglichkeit mit der Tabakspfeife.

Das Gedicht erreichte erst 1852 seine endgültige Gestalt. Es demonstriert ein gewisses Fortschreiten von der Vergangenheit her, von der es Abschied nimmt. Das lyrische Ich wird eines bestimmten Endes inne:

„Und weg ist aller Glitz und Glanz",
„Ade, o Tal, du Berg und Tal!",
„Aus ist, was mich gefreut so lang".

Einst vom Wetterhahn draußen Erlebtes drängt nach innen. Es kann ihn nichts mehr betrüben, er weiß „was eine schöne Sach es ist, / Brave Schloß und Riegel zu jeder Frist". Der Ofen aber, auf dem der alte Turmhahn nun abgelegt ist, weckt sagenhafte Erinnerungen an Schuld und Leid und Wunder im Pfarrhaus. Das macht den Hahn bescheiden und demütig. So wird die Idylle zu einer in kunstvolle Reime geronnene Erinnerung und Mahnung:

„Geh in dich, nimm dein Ende wahr!
Wirst nicht noch einmal hundert Jahr."

Ludwig Richter hat sechs Holzschnitte zu dieser lyrischen Idylle geschaffen und auf diese Weise sehr zur Popularität Mörikes beigetragen, aber auch geholfen, ihn als Idylliker festzulegen.

Als eine der umfangreicheren Idyllen ist die in sieben Gesänge gefasste **Idylle vom Bodensee** oder **Fischer Martin und die Glockendiebe** (1846) geworden, obwohl sie doch einige Kompositionsschwächen aufweist und die Handlung bei Kritikern als uneinheitlich gilt.

Scherzgedichte

Der Humor, sein Schwabenerbe, zündet immer wieder einmal bald kindlich, bald behaglich schmunzelnd oder kräftig lachend auch in Mörikes Lyrik.

Die aus drei Strophen bestehende Ode *An Philomele* (1841) gehört wohl zu den treffendsten Beispielen und verbindet pathetisch klagenden Nachtigallensang mit dem banalen Gluckern, welches das Abfüllen von Weinflaschen erzeugt. Der Vorsatz des erlebenden Ichs, der holden Sängerin sein ‚Liedchen‘ zu widmen, verliert sich aber. Sein Durst ist stärker. Das Werkchen sieht somit eigentlich gar nicht das Licht des Tages. Das hehre Pathos wird zur ‚menschlichen‘ Humoreske.

Die Epistel *An Longus* (1841) persifliert angeberische Eigenliebe mit parodierenden Wortschöpfungen wie z. B. dem ‚Sehrmann‘.

Zu erwähnen wäre hier auch *Das Bildnis der Geliebten*
(1845), das einem Maler rät, die Geliebte gleichzeitig von
vorne, aber auch von der Seite zu malen und den Geliebten
dazwischenzustellen. Dies in der Hoffnung, dass die Ver-
doppelung als harmlos ausgelegt werden möge.
Bereits 1829 schrieb Mörike folgendes Gedicht:

Scherz

Einen Morgengruß ihr früh zu bringen
Und mein Morgenbrot bei ihr zu holen,
Geh ich sachte an des Mädchens Türe,
Öffne rasch, da steht mein schlankes Bäumchen
Vor dem Spiegel schon und wascht sich emsig.
O wie lieblich träuft die weiße Stirne,
Träuft die Rosenwange Silbernässe!
Hangen aufgelöst die süßen Haare!
Locker spielen Tücher und Gewänder.
Aber wie sie zagt und scheucht und abwehrt!
Gleich, sogleich soll ich den Rückzug nehmen!
„Närrchen", rief ich, „sei mir so kein Närrchen:
Das ist Brautrecht, ist Verlobtensitte.
Laß mich nur, ich will ja blind und lahm sein,
Will den Kopf und alle beiden Augen
In die Fülle deiner Locken stecken,
Will die Hände mit den Flechten binden" –
„Nein, du gehst!" – „Im Winkel laß mich stehen,
Dir bescheidentlich den Rücken kehren!"
„Ei, so mag's, damit ich Ruhe habe!"
Und ich stand gehorsam in der Ecke,
Lächerlich, wie ein gestrafter Junge,
An der weißen Wand mit leisem Kusse,
Eine volle, eine lange Stunde;
Ja, so wahr ich lebe. Doch, wer etwa
Einen kleinen Zweifel möchte haben
(Was ich ihm just nicht verargen dürfte),

Nun, der frage nur das Mädchen selber:
Die wird ihn – noch zierlicher belügen.

Der geneigte Leser möge
-    diese launigen Zeilen mit Mörikes Liebes-
     gedichten vergleichen, die ja oft sehr wehmütig
     und schmerz-geladen sind, und feststellen,
     was davon auch im **Scherz** zu bemerken wäre;
-    die Begegnung des Mannes mit seiner Verlobten
     beurteilen, versuchen, sie vor allem von der
     letzten Zeile her zu verstehen;
-    an Beispielen nachweisen, dass die Wortwahl im
     Sprachgebrauch von damals und in der Aussage-
     absicht Mörikes begründet ist;
-    sich ‚einen Reim darauf machen', warum das Ge-
     dicht keinen Reim hat;
-    das Versmaß feststellen (aufzeichnen);
-    sich fragen, worin im Scherz wirklich der Scherz
     der Liebenden besteht;
-    herausfinden, inwiefern Mörike auch mit dem
     Leser scherzt.

Gelegenheitsgedichte

Als poetisch bedeutsam gilt neben Mörikes Glück-
wunsch- oder Grußgedichten, wie *An Hermann, An Wilhelm Hartlaub* u. a. die Hochzeitsdichtung

„Lang, lang ists her!"
Mörike hatte sie Auguste Stark, der Tochter seines Freundes Mährlein gewidmet. Wie allgemein, sc auch hier, öffnet
sich das Feld der Erinnerung vom bewussten Augenblick
aus in die Vergangenheit.

(1)   Es gibt ein altes Liebeslied, vom Norden kommts,
Wie ferne Glockenlaute, oder wie am Strand
Eintönig sanfter Wellenschlag sich wiederholt,
Dem man so gern, vergangner Zeiten denkend lauscht;
Den endlos, süßer Wehmut unersättigt kehrt

Das immer gleiche Wort zurück: Lang. Lang ists her.
-    Du kennst es wohl, und nie vielleicht so lieblich
     mehr
Als jenen Tag aus deinem Munde hören wirs.

Wir sehen die Braut als Mädchen vor uns, welches das
bekannte irische Volkslied singt, das „endlos, süßer Wehmut unersättigt" zurückkehrt:
     Tell me the tales, that to me were so dear,
     Long, long ago, long, long ago:
     Sing me the song I delighted to hear,
     Long, long ago, long ago.

Nicht nur der Augenblick der Hochzeitsfeier ist von Bedeutung, sondern vor allem die spätere Erinnerung daran.
Zwischen Vergangenheit und Zukunft drängen sich Irrun-
gen und Wahrheit, Treue, Liebe, Scherz und Ernst.

(3)   Noch heißt es Heute, wenn dies Heute Gestern
heißt. Wie anders liegt die Welt bereits vor deinem
Blick!
- Und Jahr um Jahr vergeht gemach mit Eile so.
Ihr Inhalt ist zur Hälfte kaum des Menschen Wahl,
Die andre ruht in ewiger Mächte Liebesrat …

Es wird also an eine sich wiederholende Erinnerung, an
eine Lebenswende erinnert, welche sich sozusagen selber
beruhigt.

(4)   … Sing ihm das alte Liedchen, das sich nie
verlernt; Lang, lang ists her. – Was dir sein Kuß, sein
Händedruck
Drauf sagen wird mit Schweigen – brauchts der
Worte noch?

Daß unveraltet Liebe doch und Treue bleibt,
Was auch der Zeiten Wandel sonst hinnehmen
mag.

Balladen

Ursprünglich ein kurzstrophiges Tanzlied, umschließt die Ballade neben lyrischen auch epische und dramatische Elemente. Die lyrischen verleihen ihr dabei Musikalität und Stimmung, die epischen bringen erzählende Passagen ein, die dramatischen sind für den geschlossenen Aufbau, für Konflikte und Dialoge verantwortlich. Die Inhalte stammen wie allgemein, so freilich auch bei Mörike, aus Mythos, Sage und Geschichte.

Anders als z. B. bei der Droste war die Ballade nicht eigentlich die Domäne Mörikes, weshalb er die eine oder andere auch lieber als Romanze bezeichnete (**Die schlimme Greth** u. a.).

Seine bekannteste – wohl auch schwierigste – Ballade sollte eine Schicksalsballade werden:

Der Feuerreiter
Sehet ihr am Fensterlein
Dort die rote Mütze wieder?
Nicht geheuer muß es sein,
Denn er geht schon auf und nieder.
Und auf einmal welch Gewühle
Bei der Brücke, nach dem Feld!
Horch! Das Feuerglöcklein gellt:
  Hinterm Berg,
  Hinterm Berg
Brennt es in der Mühle!

Schaut! Da sprengt er wütend schier
Durch das Tor, der Feuerreiter,
Auf dem rippendürren Tier
Als auf einer Feuerleiter!
Querfeldein! Durch Qualm und Schwüle
Rennt er schon und ist am Ort!
Drüben schallt es fort und fort:
  Hinterm Berg,
  Hinterm Berg
Brennt es in der Mühle!

Der so oft den roten Hahn
Meilenweit von fern gerochen,
Mit des heilgen Kreuzes Span
Freventlich die Glut besprochen –
Weh! dir grinst vom Dachgestühle
Dort der Feind im Höllenschein.
Gnade Gott der Seele dein!
  Hinterm Berg,
  Hinterm Berg
Rast er in der Mühle!

Keine Stunde hielt es an,
Bis die Mühle borst in Trümmer;
Doch den kecken Reitersmann
Sah man von der Stunde nimmer.
Volk und Wagen im Gewühle
Kehren heim von all dem Graus;
Auch das Glöcklein klinget aus:
    Hinterm Berg,
    Hinterm Berg
Brennts!

Nach der Zeit ein Müller fand
Ein Gerippe samt der Mützen
Aufrecht an der Kellerwand
Auf der beinern Mähre sitzen:
Feuerreiter, wie so kühle
Reitest du in deinem Grab!
Husch! Da fällts in Asche ab.
    Ruhe wohl,
    Ruhe wohl
Drunten in der Mühle.

Mörike war etwa 20 Jahre alt, als er diese Ballade 1824 „auf einem schönen Rasenplätzchen beim Philosophenbrunnen" in Tübingen schrieb. Die dritte Strophe, in welcher der Feuerreiter als unchristlicher Bösewicht verdammt wird, fügte er allerdings erst 1841 hinzu. Im schon mehrmals erwähnten Roman **Maler Nolten** findet sich diese Ballade somit in erster Fassung. Sie wird darin als „eine schöne schauerliche Weise" bei einer Gesellschaft zum Besten gegeben.

Der Anlass für ihre Entstehung hat zu einer Vielzahl von Mutmaßungen geführt. Bald soll die Anregung dazu der irre Hölderlin gegeben haben, der mit weißer Mütze hinter den Fenstern seines Turmzimmern in Tübingen hin- und herhuschte, bald auch der Freundeskreis um Wilhelm

Hauff, eigentlich eine Burschenschaft, die sich ‚Feuerreiter'
nannte. Friedrich Th. Vischer sah im *Feuerreiter* die Per-
sonifikation der Feuersbrunst schlechthin.

Um die endgültige sprachliche Form für das grausige Geschehen hat Mörike wie auch bei seinen anderen Werken
jahrzehntelang gerungen. Dadurch hat er eine erstaunlich
überzeugende Sprachkraft erreicht, welche den naturmagi-
schen Auftritt dessen bestimmt, der das Feuer nahen sieht
und darin umkommt.

Der geheimnisvolle Vorgang wird wiederholt, es zeigt
sich „die rote Mütze wieder", und verstärkt den Eindruck
der Unausweichlichkeit. Es gibt eigentlich deren kein Ende.
„Ruhe wohl" bleibt nur Wunsch; denn der Feuerreiter reitet
mit der roten Mütze auf dem Kopf selbst im Grab weiter.
Wer mag wissen, wann er vielleicht wiederkommt?

Die Vertonungen von Hugo Wolf und Hugo Distler haben sehr zur Bekanntheit und der nachhaltigen Wirkung
der Ballade beigetragen, ebenso wie sie in Theodor Storms
Regentrude Widerhall im Auftreten des ‚Feuermanns'
finden sollte.

Als totenmagische Ballade schrieb Mörike

Die traurige Krönung

(1) Es war ein König Milesint,
Von dem will ich euch sagen:
Der meuchelte sein Bruderskind,
Wollt selbst die Krone tragen, …

Es handelt sich also um einen Mord an einem Königskind,
begangen von einem machthungrigen Ehrgeizling. Die Un-
tat gebietet Rache.

(2) … Er spricht zu seinem Sohne:
„Noch einmal bring die Krone!
Doch schau, wer hat die Pforten aufgemacht?"

(3) Da kommt ein seltsam Totenspiel,
Ein Zug mit leisen Tritten,
Vermummte Gäste, groß und viel,
Eine Krone schwankt inmitten; …
Totenmagisch ist die Ballade, da das tote Kind dartut,
wem die Macht zusteht:

(4) Und aus der schwarzen Menge blickt
Ein Kind mit frischer Wunde;
Es lächelt sterbensweh und nickt,
Es macht im Saal die Runde,
Es trippelt zu dem Throne,
Es reichet eine Krone
Dem Könige, des Herze tief erschrickt.

(5) Darauf der Zug von dannen strich,
Von Morgenluft berauschet,
Die Kerzen flackern wunderlich,
Der Mond am Fenster lauschet;
Der Sohn mit Angst und Schweigen
Zum Vater tät sich neigen, -
Er neiget über eine Leiche sich.

Mörike hat seine kunstvolle Ballade **Die Tochter der Heide** (1861) „eine Art Pendant zu dem König Milesint" genannt. Die Untreue Robins, der „die stolze Ruth gefreit" hat, veranlasst die zwei Töchter dazu, an ihm Rache zu versuchen. Daraus wird aber nichts; denn das Ich legt gegen Ende der Ballade eine übertriebene Ausgelassenheit an den Tag.

Anklänge an **Des Knaben Wunderhorn** sind hier wie auch sonst in den Balladen Mörikes nicht zu übersehen.

Die Geister am Mummelsee stehen gleichfalls im Zeichen einer geisterhaft bedrohlichen Wiederkehr:

(1)   Vom Berge was kommt dort um Mitternacht spät
Mit Fackeln so prächtig herunter?
Ob das wohl zum Tanze, zum Feste noch geht?
Mir klingen die Lieder so munter.
                    O nein!
So sage, was mag es wohl sein?

(2)   Das, was du da siehest, ist Totengeleit,
Und was du da hörest, sind Klagen.
Dem König, dem Zauberer, gilt es zu Leid,
Sie bringen ihn wieder getragen.
                    O weh!
So sind es die Geister vom See!

Es geht um eine erneute Beerdigung des Königs. Aber auch das erlebende Ich muss sich von den wiederkehrenden Geistern bedroht fühlen:
(6)   … Nun kommen sie wieder, sie kommen!
Es orgelt im Rohr und es klirret im Schilf;
Nur hurtig, die Flucht nur genommen!
                    Davon!
Sie wittern, sie haschen mich schon!

Von Treueschwüren und Treulosigkeit spricht auch **Der Schatten** (1855), der dieses Trauma in ein Geschehen der Kreuzzüge bettet (vgl. auch **Die Hand der Jezerte)**.

Die rührende Liebesgeschichte zwischen einem armen Pagen und seiner Prinzessin spiegelt sich in der sozialen Ballade

Schön-Rohtraut.
(1) Wie heißt König Ringangs Töchterlein?
Rohtraut, Schön-Rohtraut.
Was tut sie denn den ganzen Tag,
da sie wohl nicht spinnen und nähen mag?
Tut fischen und jagen.
O daß ich doch ihr Jäger wär'!
Fischen und Jagen freute mich sehr.
- Schweig' stille, mein Herze! …

(3) … Und würd'st du heute Kaiserin,
mich sollt's nicht kränken:
Ihr tausend Blätter im Walde wißt,
ich hab' Schön-Rohtrauts Mund geküßt!
- Schweig' stille, mein Herze!

Eduard Mörike, der Erzähler

... und wenn kein widerhall dir meinen gram erzählt,
so frag die ganze flur wie sehr ich mich gequält.

Dusch, verm. Werke 553

Prosa zwischen Romantik und Realismus

Mehr als bei der Lyrik erfahren wir über die Entstehung
der Prosa Mörikes. Dies meistens über Diskussionen in
Briefen. Die Prosadichtungen verleugnen den Einfluss von
Vorbildern nicht. Das mag gelegentlich zu einer gewissen
Gleichförmigkeit nach Inhalt und Gestalt der Werke ge-
führt haben. Das Erbe der Romantik jedoch erscheint bei
Mörike noch immer im Bunde mit einer dem Bürgertum
nahen Klassik. In seinen Werken – übrigens auch in de-

nen Adalbert Stifters – verabschiedet sich das literarische Biedermeier sozusagen im Glanz eines goldenen Herbstes. Volksliedhafte Anklänge finden sich in Mörikes Prosa ebenso wie lyrische. Sie treten uns in höchst vollendeter Form entgegen und schließen also klassisches und romantisches Erbe ein.

Der Jugendroman **Maler Nolten**. *Novelle in zwei Teilen* (1832) bewegt sich vordergründig als Bildungsroman in Goethes Fußstapfen. War der Dichterfürst seit den Tübinger Jahren Mörikes Vorbild gewesen, so stand vor allem dessen Roman **Wilhelm Meister** Pate für Mörikes Künstlerroman. Der Dichter hat sein Werk selbst als Novelle bezeichnet. Wenn man auf die Grundbedeutung des aus dem Italienischen entlehnten Wortes zurückgeht, so finden wir dafür den Begriff ‚Neuheit‘, was ja durchaus zu der Vorstellung von einer überraschenden, ungewöhnlichen Geschichte passt. Es geht dabei darum, wie ein Mensch in schwieriger Lage, in einer inneren oder äußeren Krise auf die Herausforderungen seines Schicksals reagiert. Sein Verhalten wird dem Leben des Helden eine neue Wendung geben. Damit wäre Goethes Definition der Novelle verständlich, nach der es sich um „eine sich ereignete unerhörte Begebenheit" handele.

In Mörikes Roman sollte das Ende einer unglücklichen ersten Liebe schicksalsbestimmend werden. Der Dichter selber aber – immer wieder im Roman als eigentlicher Held erkennbar - kann sich von der Dämonie der Leidenschaft in große lyrische Träume flüchten und sich vor der Welt verbergen: „Laßt dies Herz alleine haben seine Wonne, seine Pein!" *(Verborgenheit)*.

In der Tat, im **Nolten** schuf Mörike in einer Art Spiegelbild seines eigenen Daseins die Geschichte eines jungen Mannes, der sich im Leben nicht zurechtfindet. Ein geheimnisvolles Schicksal verbindet ihn mit einer Zigeunerin, die seine Verlobung zerstört, erst die Braut und dann den labilen Künstler selbst in den Tod treibt. Eine biographische Verbindung zu Mörikes Affäre mit der teuflisch hübschen Maria Meyer ist unverkennbar. Das Werk sollte zu einem Opus schmerzlicher Leidenschaft werden, die, kaum zu zügeln, in abgründige Tragik mündet.

Das Romantische ist bereits durch die Komposition, den Einsatz aller Dichtungsarten sowie der vielen Künste gegeben. Es wird über Gemälde, die Kunst allgemein, über Antike und Romantik, über Träume und Schicksal gesprochen. Auch spielt die Musik eine Rolle. Die mythischen Seitenblicke in die Zonen des Todes selbst im Augenblick glücklicher Menschen, Hellsehen, Doppelgängerauftritte, Halluzinationen und Traumwandeln, soll den Leser in eine geheimnisvolle Stimmung versetzen, die dem Dichter im Blick auf die Wirkung des Romans entgegenzukommen scheint. Dennoch sind die auftretenden Figuren alle Menschen aus Fleisch und Blut. Damit bewegt sich Mörike bereits jenseits romantischen Ambientes und hilft eine realistische Kunst anzubahnen, zumal die Charaktere auch in ihrer seelischen Entwicklung erkennbar werden. Man merkt auch, dass das Werk zum guten Teil wirkliches Leben einfängt.

So schreitet Mörike in dem sozusagen aus der Romantik gewachsenen Roman mit seinen märchenhaften Einflechtungen und Mythen, den Schattenspielen und Liedern fort zu psychologischem und realistischem Erzählen.

Wie Goethes **Wilhelm Meister** so hat auch Mörikes **Nolten** zu Lebzeiten des Dichters keinen eigentlichen Abschluss gefunden. Es war Julius **Klaiber,** der die unvollendete zweite Fassung (1853-1875) ergänzte, sodass das Werk 1877 postum als ‚Roman' erscheinen konnte, als

Roman deswegen, weil das Buch weit umfangreicher angelegt ist als man üblicherweise der Novelle an Seitenzahl zuzubilligen geneigt ist. Aber Mörike ist mit seiner ‚Novellen'-Titulierung der ‚Mode' seiner Zeit erlegen, welche die Novelle als „Schlag auf Schlag" voranschreitende Erzählung begreift. Dies bedeutete jedoch im Grunde eine Abkehr vom Romanmuster, wie es im *Wilhelm Meister* vorgegeben schien, obwohl – oder gerade weil - sich Mörike während der Entstehung des *Nolten* nachhaltig mit Goethe befasst hatte. Was die schicksalhafte Tragik Einzelner wie ganzer Familien im Mittelpunkt des Romans angeht, so ist man eher an Goethes *Wahlverwandtschaften* erinnert. Auch die spätromantischen Schicksalsdramen, welche gleichfalls die menschlichen ‚Nachtseiten' aufzeigen, haben Mörike beeinflusst. Gleichzeitig geht es in dem Werk aber auch darum, mit dem Alltag fertig zu werden, was bereits auf eine Motivik des Realismus hinzielte. So befindet sich Nolten auf der Schnittstelle des Übergangs zwischen den unterschiedlichen geistigen und literarischen Strömungen.

Maler Nolten (Inhaltsübersicht)
„Theobald Nolten, ein begabter junger Maler, lernt im Hause des Grafen Zarlin dessen Schwester Konstanze kennen und vergisst über seiner tiefen Liebe zu ihr seine frühere Freundin Agnes, um so mehr, als die eifersüchtige Zigeunerin Elisabeth Intrigen gegen Agnes spinnt, um Nolten selbst zu gewinnen. Noltens Freund, der Schauspieler Larkens, inszeniert jedoch eine Gegenintrige, um Theobald und Agnes wieder zusammenzuführen. – Das von Larkens und Nolten aufgeführte Schattenspiel ‚Der letzte König von Orplid' wird am Hofe missdeutet, die beiden Freunde kommen ins Gefängnis. Erst nach der Freilassung entwirren

sich die verschiedenen Intrigen, Nolten findet zu Agnes zurück, doch beider Glück ist nicht von Dauer. Als Agnes erkennt, dass auch Elisabeth Nolten liebt, nimmt sie sich in ersten Anzeichen geistiger Umnachtung das Leben; Nolten selbst, ausgehöhlt von Krankheit und seelisch erschöpft durch sein Geschick, kann dem Schock eines undeutbaren Nachtgesichts keine Lebenskraft mehr entgegensetzen."[35]

Die schwäbischen Freunde traten begeistert für Mörikes Lebensroman ein, setzten sich aber auch, wie vor allem Fr. Th. Vischer, kritisch damit auseinander. Letzterer schrieb 1839 in einer Rezension, der Roman sei halb ein „Bildungsroman, ein psychologischer Roman" und halb „ein Schicksalsroman, ein mythischer Roman", aber beides gehe „nicht ineinander auf".

Da es sich in dem Werk um die Entwicklung eines Künstlers mit vielerlei Ränkespielen und häufiger Rückschau in frühere Lebenslagen der beteiligten Personen handelt, rückt das Ganze in die Nähe des Bildungsromans. Der auch als ‚Liebesroman' bezeichnete Schicksalsroman lässt sich von der Art des Erzählens her noch der Romantik zurechnen. Die zunächst als Nebenfigur erscheinende Person von Noltens einstigem Diener Wispel erweist sich bei näherem Hinsehen doch als schicksalswendend, indem er Nolten mit dem Maler Tillsen zusammenbringt. Dieser ist es dann, der ihm im Hause Zarlin mit dem Grafen selbst und dessen gräflicher Schwester Konstanze bekannt macht. Damit stößt Wispel die Handlung bedeutsam an. Nolten fühlt sich von seiner geliebten Agnes, der Tochter seiner Pflegeeltern, hintergangen, während beider Verhältnis darüber zudem noch von der intrigierenden Zigeunerin Elisabeth hintertrieben wird.

„ … ‚Erlauben Sie, mein Lieber', sagte Tillsen, daß ich erst zur Besinnung komme. Noch weiß ich nicht, bin ich mehr beschämt oder mehr erfreut durch Ihre herzlichen Worte. Ich werde Sie in der Folge noch besser verstehen. So sagen Sie fürs erste nur, wie verhält sich's denn mit dem diebischen Schufte, der wenigstens das Verdienst bleiben muß, uns zusammengeführt zu haben?' ‚Wohl! Hören Sie! Nach meiner Rückkehr aus Italien, es ist nun über ein Jahr, traf ich auf der Reise hieher, wo ich völlig fremd war, einen Hasenfuß, Barbier seiner Profession, - der mir seine Dienste als Bedienter antrug', …"

Nolten jedenfalls verliebt sich in die Gräfin Konstanze.

„Durch die Vermittlung des Herzogs erhielt er Zutritt im Hause des Grafen von Zarlin, der sich ohne eigene Einsichten, und wie mehrere behaupteten, aus bloßer Eitelkeit als einen leidenschaftlichen Freund jeder Gattung von Kunst hervortat, und dem es wirklich gelang, einen Zirkel edler Männer und Frauen um sich zu versammeln, worin geistige Unterhaltung aller Art, namentlich Lektüre guter Dichterwerke vorkam. Die lebendig machende Seele des Ganzen jedoch war, ohne es zu wollen, die schöne Schwester des Grafen, Constanze von Armond, die junge Witwe eines vor wenigen Jahren gestorbenen Generals."

Die geheimnisvolle Elisabeth will aber den Maler für sich haben. Sie soll ja das Resultat einer zweifelhaften Verbindung zwischen Noltens Onkel und einer Zigeunerin und damit auch mit Noltens Schicksal verknüpft sein.

„Die Zigeunerin war inzwischen auch wieder zum
Vorschein gekommen; Agnes offenbarte ihr bei
einer heimlichen Zusammenkunft den Plan ihrer
Entsagung, womit die Betrügerin sehr zufrieden
schien, und sogar einen Brief an Nolten zu besorgen
versprach.
Auf diese Weise standen die Personen eine geraume
Zeit in der wunderlichsten Situation gegen einander, indem eines das andere mit mehr oder weniger
Falschheit, mit mehr oder weniger Leidenschaft zu
hintergehen bemüht war."

Nun tritt Noltens Freund Larkens, begeisterter Schauspieler, auf den Plan und für Agnes ein, der zuliebe er seinerseits zu einer Intrige dagegen ansetzt. Dazu schlüpft er
in die Rolle Noltens als Agnes' Briefpartner. Er spielt aber
dessen Briefe an Konstanze, die immer mehr die Zuneigung
des Malers genießt, der Agnes zu.

„In derselben Woche kamen Briefe aus Neuburg an
Theobald, wie gewöhnlich unter der Aufschrift an
Larkens. Voll Begierde nach dem Inhalte, welcher
ihm, wie er zuverlässig hoffte, jeden Zweifel über Agnes benehmen sollte, riß er das Couvert auf. Jedesmal
ergriff ihn die eigenste Rührung, wenn er solche treu-
herzige Linien sah, die nach des Mädchens Meinung
der *Geliebte* lesen sollte, und die unser Schauspieler
doch wiederum nur sich selber zueignen konnte, da
es nur Antworten auf dasjenige waren, was er zwar
ganz im früheren Sinne Noltens geschrieben, aber
doch gleichsam durch alle Fasern des eigenen innigs-
ten Gefühls übertragend, empfunden hatte. In der
Tat, er kam sich dann immer wie ein gedoppeltes
Wesen vor, und nicht selten kostete es ihn Mühe,

sein Ich von der Teilnahme an diesem zärtlichen
Verhältnis auszuschließen."

Mit diesem Spiel erreicht Larkens schließlich die Abwendung Konstanzes von Nolten. Dies macht es dem
Herzog möglich, seinerseits um die Hand dieser Dame zu
werben. Die satirisch verstandene Aufführung des Stückes *Der
letzte König von Orplid* scheint die Lage zu komplizieren
und eher Verwirrung denn Klärung zu bewirken.

„... ,Ein Schattenspiel!' riefen die Damen in die Hände klatschend, ,ach, das ist ja ganz unvergleichlich!
Wirklich ein ordentliches, chinesisches werden wir
sehen?'
,Allerdings', sagte der Graf ,und zwar ein ganz neu
eingerichtetes, wozu Herr Nolten die Bilder auf Glas
gemalt, und dieser Herr, der als Dichter noch allzu
wenig von sich hören ließ, den Text geliefert hat. So
viel ich weiß, besteht der letztere durchaus in einer
dramatischen Fabel, rein von der Erfindung des Herrn
Larkens.'
,Diese Fabel', bemerkte der Schauspieler, ,und der
Ort, wo sie vorgeht, ist freilich närrisch genug,' ...
,Die Insel hieß *Orplid*, und ihre Lage dachte man
sich in dem Stillen Ozean zwischen Neuseeland und
Amerika. Orplid hieß vorzugsweise die Stadt des
bedeutendsten Königreichs: sie soll von göttlicher
Gründung gewesen sein und die Göttin *Weyla*[36] von
welcher auch der Hauptfluß des Eilands den Namen
hatte, war ihre besondere Beschützerin. Stückweise
und nach den wichtigsten Zeiträumen erzählten wir
uns die Geschichte dieser Völker. An merkwürdi-
gen Kriegen und Abenteuern fehlte es nicht. Unsere

Götterlehre streifte hie und da an die griechische, behielt aber im ganzen ihr Eigentümliches; auch die untergeordnete Welt von Elfen, Feen und Kobolden war nicht ausgeschlossen.

Orplid, einst der Augapfel der Himmlischen, mußte endlich ihrem Zorne erliegen, als die alte Einfalt nach und nach einer verderblichen Verfeinerung der Denkweise und der Sitten zu weichen begann. Ein schreckliches Verhängnis raffte die lebende Menschheit dahin, selbst ihre Wohnungen sanken, nur das Lieblingskind *Weylas*, nämlich Burg und Stadt Orplid, durfte, obgleich ausgestorben und öde, als ein traurig schönes Denkmal vergangener Hoheit stehen bleiben. Die Götter wandten sich auf ewig ab von diesem Schauplatz, kaum daß jene erhabene Herrscherin zuweilen ihm noch einen Blick vergönnte, und auch diesen nur um eines einzigen Sterblichen willen, der, einem höheren Willen zufolge, die allgemeine Zerstörung weit überleben sollte."

Nach der Aufführung dieses *„phantasmagorischen Zwischen-spiel(s)"* werden Nolten und Larkens verhaftet.

Nach ihrer Entlassung aus der Haft hat es den Anschein, dass nun alles gut werden könnte. Allerdings erkrankt Nolten, was mit der Wiederkehr der jungen Zigeunerin zusammenhängt. Larkens eröffnet ihm sein Ränkespiel, damit Nolten und Agnes sich in idyllischem Ambiente wieder begegnen könnten. Er wollte fortan dem Theater den Rücken kehren, was er Mörike in einem Brief mitteilt, und sich im Alltag dem biederen Brotberuf eines Tischlers zuwenden.

„ … ‚mein Leben hat ausgespielt, ich habe angefangen, mich selber zu überleben. Das ist mir so klar geworden in der letzten Zeit, wo ja unsereiner wahrhaftig schöne Gelegenheit hatte, die Resultate von dreißig Jahren wie Fäden mit den Fingern umzuziehn. Ich mag Dir die alte Litanei nicht vorsingen; genug, mir ist in meiner eigenen Haut nimmer wohl. Ich will mir weiß machen, daß ich sie abstreife, indem ich von mir tue, was bisher unzertrennlich von meinem Wesen schien, vor allem den Theaterrock, und dann noch das eine und andere, was ich nicht zu sagen brauche. Mancher grillenhafte Heilige ging in die Wüste und bildete sich ein, dort seine Tagedieberei gottgefälliger zu treiben … ich habe noch immer etwas Besseres wie das im Sinn. Am End' ist's freilich nur eine Fratze, worin ich mich selber hintergehen möchte; und fruchtet's nicht, nun so geruht vielleicht der Himmel, der armen Seele den letzten Dienst zu erweisen, davor mir denn auch gar nicht bang sein soll …

Und nun die Hauptsache. Mit den Paketen übergeb' ich Dir ein wichtiges, ich darf sagen, ein heiliges Vermächtnis. Es betrifft Deine Sache mit Agnesen, die mich diese letzten zehn Monate fast einzig beschäftigte. Mein Lieber! Ich bitte dich, höre mich ruhig und vernünftig an.

In der gewissesten Überzeugung, daß die Zeit kommen müsse, wo Dein heißestes Gebet sein werde, mit diesem Mädchen verbunden zu sein, ergriff ich ein gewagtes Mittel, Dir den Weg zu diesem Heiligtume offen zu halten. Vergib den Betrug! Nur meine Hand war falsch, mein Herz gewisslich nicht: ich glaubte das Deine treulich abzuschreiben; straf' mich nicht Lügen! Laßt mich den Propheten eurer Liebe gewesen sein! Ihr Märtyrer war ich ohnehin; denn indem ich Deiner Liebe Rosenkränze flocht, meinst du, es habe sich nicht manchmal ein Dorn in mein eigen Fleisch gedrückt?... "

Der Versuch einer Änderung misslingt allerdings letztlich. Larkens trifft sich noch einmal mit Nolten, was Wispel zu organisieren versteht, begeht aber bald darauf Selbstmord.

„. ‚O, wenn du wüßtest‘, rief Theobald Agnesen zu, ‚was dieser Mann mir gewesen, hätt‘ ich dir nur erst entdeckt, was auch *Du* ihm schuldig bist, du würdest mich fürwahr nicht schelten, wenn mein Schmerz ohne Grenzen ist!‘ ..."
Über Larkens‘ Tod lernen Agnes und Nolten den Präsidenten von K, einen Bekannten des Schauspielers, kennen und ziehen in dessen Schloss auf dem Lande. Das idyllische Leben dort währt aber nur kurz, bedeutet lediglich ein Hinhalten der tragischen Entwicklung. Nolten bekennt Agnes die Gegenintrige Larkens‘. So gut das alles auch gemeint war, Agnes wird damit nicht fertig.

„ ... In wenigen, nur schnell hervorgestoßenen Sätzen war endlich ein Teil der unseligen Beichte heraus. Aber das Wort erstirbt ihm plötzlich auf der Zunge. ‚Vollende nur!‘ sagt sie mit sanftem Schmeichelton, mit künstlicher Gelassenheit, indem sie zitternd seine Hände bald küßt, bald streichelt. Er schwankt und hängt besinnungslos an einem Absturz angstvoll kreisender Gedanken, er kann nicht rückwärts, nicht voran, unwiderstehlich drängt und zerrt es ihn, er hält sich länger nicht, er zuckt und – läßt sich fallen. Nun wird ein jedes Wort zum Dolchstoß für Agnesens Herz ... - alles ist herausgesagt, nur die Zigeunerin, ist er so klug, völlig zu übergehn ...

Sie scheint nicht zu hören, wie verschlossen sind all
ihre Sinne. An ihrer Hand nur kann er fühlen, wie
sonderbar ein wiederholtes Grausen durch ihren Körper gießt. Dabei murmelt sie nachdenklich ein unver-
ständliches Wort. Nicht lang, so springt sie heftig auf
– ‚O unglückselig! unglückselig!‘ ruft sie, die Hände
überm Kopf zusammenschlagend, und stürzt, den
Maler wegstoßend, in das Haus. Vor seinem Geist
wird es Nacht – er folgt ihr langsam nach, sich selbst
und die Stunde verwünschend.“

Agnes kann sich auch gegen die amouröse Strategie der
Zigeunerin Elisabeth nicht wehren. Eines Nacht findet man
Agnes

„… unter einigen Weihmutsfichten, regungslos aus-
gestreckt, im weißen Nachtkleide liegen, die Füße
bloß, die Haare auf dem Boden und über die nackten
Schultern zerstreut. Nolten sank neben dem Körper
in die Knie …
Unwillkürlich ballte sich Theobalds Faust, da er die
majestätische Gestalt der Zigeunerin mit keckem
Schritt in die Mitte treten sah; aber die Gegenwart
einer unnahbaren Macht schien alle seine Kraft in
Bande zu schlagen.
Indes man Agnesen, von den Mädchen geschäftig
begleitet, hinwegtrug, sagte Elisabeth mit ruhigem
Ernst: ‚Wecket das Töchterchen ja nicht mehr auf!
Entlaßt in Frieden ihren Geist, damit er nicht unwil-
lig, gleich dem verscheuchten Vogel, in der unteren
Nacht ankomme, verwundert, daß es so balde geschah. Denn sonst kehrt ächzend ihre Seele zurück,
mich zu quälen und meinen Freund; es eifert, ich
fürchte, die Liebe selber im Tode noch fort. Ich bin
die Erwählte! Mein ist dieser Mann!‘“

Agnes erholt sich zwar wieder, ihr Geist triftet aber immer mehr in die Verwirrung, bis sie schließlich in völliger Umnachtung den Freitod wählt. Man findet sie in der Nacht im Wald unweit des Schlosses, mit Larkens' grüner Jacke bekleidet tot in einem Brunnen.

„Der Wundarzt machte zum Überfluß noch den einen oder anderen Versuch. Vom grenzenlosen Jammer der sämtlichen Umstehenden sagen wir nichts."

Nach einem verhängnisvollen Traumerlebnis geht Nolten an Entkräftung zugrunde. Er kann also nicht mehr die Offenbarung des Hofrats erfahren, nach welcher dieser Noltens Onkel und Vater der Zigeunerin sei, die übrigens wenige Tage nach Noltens Tod entseelt aufgefunden wird. Auch der Konstanze bleiben nur noch einige Monate Zeit im Irdischen.

Aus dem Geschehen des Nolten-Romans lässt sich eine „Krankheit zum Tode" herauslesen. Die schicksalhafte und psychologische Entwicklung entrollt sich in Szenen der „Nachtseite". Vordergründig erscheint sie durch die zunächst hoffnungsvollen Geständnisse weniger gefahrvoll. Das bedrückende Vorleben der handelnden Personen, das als „Nacht- oder Traumseite ihrer Seele" zu werten ist, wird dennoch kaum offen gelegt.

Nolten und Larkens, obwohl durch ihre Schauspielernatur auch für Vorgänge hinter den Kulissen sensibilisiert, machen sich durch ihre Intrigen schuldig, sind unaufrichtig, tragen nicht zur Klärung der Situation bei, bleiben oft – wie für Mörike typisch – im „Übergang vom Wachen zum Schlaf ohne Bewusstsein". Dabei wäre es doch gerade für sie wichtig gewesen, eben nicht in diesem Dämmerzustand zu verharren, denn „schon das Aussprechen des Geheimnisses an und für sich ist entscheidend für die Heilung"[37], wie der Erzähler wissen lässt. Dies geschieht aber nicht oder nicht hinlänglich, wenn es nötig wäre. Die „Seele zu der Erkenntnis ihrer selbst" zu bringen, kann auch die Kraft der evangelischen Wortes" nicht leisten.

In dem Roman findet man – wie schon mehrfach erwähnt – über dreißig der schönsten Gedichte Mörikes, die treffend platziert, das schon geläufige dämmerige Halbbewusste immer wieder verdeutlichen; man denke nur an die *Peregrina-Lieder,* die *Sonette an Luise* oder an die Balladen. Mit dem *Orplid*-Spiel hat der Dichter selbst ein ganzes Drama einbezogen. Sie alle mildern die andrängenden Bedrohungen, halten das Damoklesschwert ein wenig fester und auf Abstand. Dies ist eigentlich gegen jede Biedermeiermentalität.

Die genau dargestellten Einzelheiten, die sich mehrende Bedeutung psychologischer Details und das selbstständige Auftreten auch der Nebenpersonen rücken die Endfassung des Nolten in die Nähe realistischer Dichtung. Sie musste ja neue und andere Kunstmittel einsetzen, um der Empfindung, durch die Realitäten bedroht zu sein, litreraisches Gesicht zu geben.

Gleichzeitig mit dem *Nolten*-Roman und mit ihm in gedanklicher Verwandtschaft stehend, erschien 1834 die Novelle *Miss Jenny Harrower.* In einer zweiten Fassung von 1839 ersetzte Mörike die englischen Personennamen durch deutsche, ließ sie auch in deutschen Landen agieren. Nach weiterer Umarbeitung benannte er das Werk um, sodass es 1856 als *Lucie Gelmeroth* publiziert werden sollte.

Erneut ist darin die psychologische Charakterentwicklung der Hauptfigur Lucie zentral. Die Dame wird sich selbst als Mörderin anklagen, um den zu entlasten, der die Entehrung ihrer Schwester gerächt hatte. Das Geschehen der Novelle erscheint in Rekonstruktion – wie wiederum oft bei Mörike beliebtes Formelement – ist also die Erinnerung.

Ein junger Gelehrter besucht nach langer Zeit seine Heimatstadt, wo man ihm mitteilt, dass zur Stunde ein Mordfall die Gemüter sehr errege. Lucie Gelmeroth - der Name erinnert den jungen Mann an eine Jugendfreundin – soll die Mörderin sein. Ein Gespräch mit dieser Lucie im Gefängnis selbst soll für ihn rückschauend Licht in die Vorgänge bringen. Der Gelehrte erfährt auch einiges von Lucies Beichtvater, kramt in seinen eigenen Erinnerungen, um ein klares Bild zu bekommen, das sich dann so darstellt:

Zwei Schwestern, Töchter des Kaufmanns Gelmeroth leben als Waisenkinder in der früheren Wohnung ihrer Eltern, in einem „Winkel des genügsamsten Glücks". Die ältere, Anna, ist mit dem Leutnant Richard Lüneborg verlobt. Der nicht gerade charakterstarke Richard mag aber auch Lucie recht gerne. Als er versetzt wird, werden seine Schwächen besonders deutlich erkennbar. Er verlässt Anna kurzerhand. Diese verzehrt sich in seelischen und anderen Qualen und stirbt nach einigen Wochen schließlich. Lucie fordert einen anderen Verehrer Annas auf, deren Tod zu rächen. Der untreue Verlobte wird tatsächlich nach einiger Zeit tot aufgefunden, Lucie gibt sich als dessen Mörderin aus, und verlangt eine gerechte Strafe für sich.

Unmittelbar vor dem Gespräch mit Lucie erlebt der Gelehrte eine turbulente Traumnacht, in welcher ihn Erinnerungen an die gemeinsame Kindheit bestürmen, die gewisse Vergleiche mit dem augenblicklichen Verbrechen zulassen.

(Nebenbei: Mörikes eigene Erinnerungen an das Schloss zu Ludwigsburg spielen dabei eine Rolle).

Um anlässlich eines Theaterspiels einem Regenguss zu entfliehen, verirren sich beide Kinder im Garten des Herzogs. Im Zusammenhang mit einer weiteren Aufführung wird der Lucie zur Last gelegt, etwas gestohlen zu haben. Freilich war sie damals wie im vorliegenden Mordfall schuldlos. Es stellt sich heraus, dass der beauftragte Bekannte der beiden Damen den Leutnant im Zweikampf getötet hatte. Dennoch lässt sich Lucie nicht aus der Rolle einer Urheberin des Mordes drängen und lebt fortan in der "seltsamen Suggestion", sie könne Verzeihung nur dann erlangen, wenn sie fürderhin ausschließlich der „Sühnung der Blutschuld" lebe.

Mörikes ursprüngliches Vorhaben, einen zweiten großen Roman mit einem „religiösen" Thema zu schreiben, erschöpfte sich sozusagen mit *Lucie* in einer psychologischen Kleinausgabe. Wiederum beherrschen — wie bei Mörike immer aufs Neue — Gefahr und Bedrohung die Psychologie eines Werkes. Das Ende erscheint uns Heutigen so ganz glaubwürdig nicht, jedenfalls als recht weit hergeholt. Wie Peregrina im *Nolten*-Roman erfährt auch Lucie zwar die Anteilnahme der Außenstehenden, die sich aber auch mit der Verlockung durch Grauen und Tragik mischt.

Ein Jahr nach *Lucie Gelmeroth* sollte eine Märchennovelle nach Art einer Rahmenerzählung folgen, die das heißt:

Der Schatz.
Sie erschien bei Schweizerbart in Stuttgart, und zwar im ‚*Jahrbuch schwäbischer Dichter und Novellisten*', für welches Mörike sowie der Dichter und Geschichtsschreiber Wilhelm Zimmermann als Herausgeber zeichneten.

Herr Arbogast, ehemaliger Hofrat seines Zeichens, nimmt Gelegenheit, einer recht gelösten, aber auch interessierten Tafelrunde einige absonderliche Begebenheiten aus seinem turbulenten Leben zum Besten zu geben. Franz, der junge Held der Geschichte, an einem Ostersonntag zur Welt gekommen, Goldschmied von Beruf, scheint ausersehen, das Haus Astern von einem Fluch zu befreien, auf dass auch der ihn verkörpernde Geist erlöst werde. Für die Hochzeit des Königs mit einer Prinzessin von Astern soll der Lehrherr des jungen Burschen den Goldschmuck herstellen. Der Meister schickt darum Franz mit 400 Dukaten nach Frankfurt. Unterwegs wird dieser aber alsbald des Geldes beraubt. Er ist freilich über die Maßen bestürzt darüber, wie so etwas denn geschehen könne. Franz verfügt jedoch über eine kleine Sammlung von Sentenzen und Lebensweisheiten. Darin liest er, dass er den so schmählich verlorenen Betrag am Cyprianstag wieder zurückbekommen werde. Er verfolgt also seinen Weg weiter und gerät zu einem „grauen Schlößlein". Eigentlich ist dies das Stammschloss derer von Asten und ein Spukschloss obendrein. Eine verdrehte Wegetafel hat ihn dorthin geführt. Binnen kurzem erscheint ihm seine frühere Verlobte wieder, die er schon lang verstorben wähnt. Sie nennt sich nun Josephe. Von ihr erfährt er jetzt die Irmelsage, in welcher die Geschichte vom erwähnten Fluch, von einer zerrissenen goldenen Kette und einem verborgenen Schatz verwoben ist. Eine andere sehr alte Mär prophezeit, dass dereinst ein „Osterkind", ein junger Mensch, käme, um die Kette wieder zusammenzuschmieden. Dann sei der Fluch dahin, und der Geist der Frau Irmel, der Ahnfrau des Hauses Astern eben, der über den Fluten der Saale zu seufzen genötigt ist, hätte endlich Ruhe.

Franz merkt nun, dass da vieles nicht mit rechten Dingen zugehen kann, will aber auch nicht an Zufälle glauben. Hinter all den Absonderlichkeiten, die ihm bis dahin begegnet sind, vermutet er eine „höhere Hand im Spiel".

Nach einem kurzen Gefängnisaufenthalt findet sich Franz in einem Zauberreich aus Traum und Wirklichkeit wieder. Dort erschließen sich ihm allerlei Geheimnisse der Elfenwelt. Nebenbei stößt er in dem unterirdischen Imperium auf den genannten Schatz, den der Waidfegerkönig neben den Kettenhälften und der dem Franz auf seinem Wege nach Frankfurt geraubten Barschaft in Verwahrung hat. Der junge Goldschmied glaubt an die Erfüllung seiner ‚Lebensregel', bemächtigt sich des Schatzes und kann nun auch in einer besonderen Werkstatt die Kettenteile kunstvoll wieder vereinen. In einer wunderlichen Bekleidung, mit Schärpen und allerlei fremdartigem Zierrat versehen, versenkt das Liebespaar die Kette in der Saale. Nun findet der Geist der Frau Irmel endlich Frieden.

Der Erzählrahmen wird nicht, wie zu erwarten wäre, vom Hofrat selbst, sondern von einer Frau fortgeführt, die sich den offenen Schluss der Geschichte mittels verschiedener Mutmaßungen ausmalt, weil doch

„ von den letzten geisterhaften Dingen, die wir ahnen, der letzte Schleier nicht hinweggenommen werde. Sie würden einem fast … zu wirklich und zu nahe, und wären wenigstens mit einer heiteren Darstellung, wie diese doch im ganzen war, kaum zu vereinigen."

Dieser erzählerische ‚Dreh' soll das Geschehen der Märchennovelle ein wenig mehr in die Realität rücken. Zweifel der Zuhörer versucht der Forstmeister zu zerstreuen, indem er von gesichert überlieferten Vorkommnissen spricht, welche das Wirkliche der **Schatz**- Geschichte erhärten würden.

Der durchschimmernde Humor in dieser Erzählung verleiht der Kunst Mörikes eine recht soziale Orientierung. Von Interesse ist auch die Sprache dieser Biedermeiernovelle selbst, die zwischen der des Volks- und des Kunstmärchens oszilliert. Humorvoll und anmutig tritt uns das märchenhafte

Stuttgarter Hutzelmännlein (1852) entgegen. Der Dichter soll seine umfangreichste Erzählung einmal als Seitenstück zum **Schatz** bezeichnet haben. Es handelt sich um ein mit Poesie vergoldetes Werk, offenbart Mörikes sprühende Phantasie sowie seine ‚Lust zu fabulieren'. Diese wohl volkstümlichste Märchendichtung Mörikes erwächst nicht mehr aus dem Spannungsfeld zwischen Klassik und Romantik, sondern verbindet romantische und realistische Elemente ebenso ein wie es Humor und Ernst, Wunderbares und Alltägliches, Magie, Zauberglauben und Realität, schwäbische Überlieferung und örtliches Brauchtum einschmilzt. Es mischen sich darin auch die Märchen- mit Sagen- und Legendenmotiven.

Der Schustergeselle Seppe verlässt seinen Lehrherrn und will sich auf der Wanderschaft eine bessere Lebensperspektive sichern. Doch vor seinem Aufbruch erscheint bei ihm der Schutzgeist der Schuhmacher, „Hutzelmännlein" genannt, da er als Urheber des Hutzelbrots gilt, und bringt ihm ein immer nachwachsendes Stück dieses Gebäcks aus Dörrobst und Nüssen, was in seiner Art dem Tischleindeck-dich ähnelt. Dazu erhält Seppe zwei Paar Glück verheißende Schuhe. Als Gegengabe erwartet der „Pechschwitzer", wie das Hutzelmännlein auch genannt wird, das unsichtbar machende Bleilot aus dem Blautopf bei Blaubeuren in der Schwäbischen Alb. Das eine Paar Schuhe solle Seppe selber tragen, das andere, nämlich Mädchenschuhe, aber unterwegs abstellen, damit ihm möglicherweise sein „Glück nach Jahr und Tag einmal auf den Füßen begegnet". Natürlich bringt der Geselle die Schuhe durcheinander und trägt fortan einen Frauenschuh, der ja eigentlich dazu gedacht wäre, ein Spinnrad zu treten. Der legt dem Burschen nahe, doch lieber Dreher oder auch Scherenschleifer zu werden. Ansonsten widerfährt dem Seppe eigentlich

„nichts weiter von Bedeutung, als daß er etlichmal rechts ging, wo er links gesollt hätte, und hinwiederum links, wo es rechts gemeint war, das freilich nach dem Zeugnis aller Reis'beschreiber schon gar die Art nicht ist, um zeitig und mit wenig Kosten an einen Ort zu kommen."

In Ulm angelangt, war Seppe nahe daran, dem Heiratsdrängen einer Witwe zu erliegen, die schon zwei ihrer Angetrauten ‚erledigt' haben soll. Der junge Mann ‚wendet sich mit Grausen' und findet auf dem Heimweg unerwartet das vom Hutzelmännlein erbetene Bleilot. Der Schutzgeist bewirkt indessen, dass er seiner geliebten Vrone Kiderlen begegnet, die inzwischen das zweite Paar Schuhe findet und ob des einen falschen Schuhs allerlei Unbill erdulden muss. Nach all den Wechselfällen steuert das Hutzelmännlein auf diese Weise die Wege der jungen Leute und führt sie schließlich als glückliches Paar zusammen. Beide verloben sich anlässlich der Hochzeit des Grafen Eberhard des Greiners in Stuttgart in schwindelnder Höhe auf einem Tanzseil über dem Festplatz. Trotz des dabei lauernden Gefahrenmoments endet das ganze harmonisch. Seppe lebt fortan als wohlhabender Schuster und geachteter Ratsherr mit seiner Vrone in glücklicher Ehe bei reichem Kindersegen. Das Paar braucht die Glücksschuhe nicht mehr zu tragen. Dennoch wissen alle um die verbleibenden Unwägbarkeiten des Glücks, was auch der Erzähler am Ende zum Ausdruck bringt:

„Und nun, mein Leser, liebe Leserin, leb wohl! Deucht dir etwa, du habest jetzt genug auf eine Weile an Märchen, wohl, ich verspreche, dergleichen sobald dergleichen nicht wieder zum Markte zu bringen: gefiel dir aber dieser Scherz, will ich es gleichwohl also halten. Es gelte, wie geschrieben steht zum Schluß des andern Buchs der Makkabäer: allzeit Wein oder Wasser trinken ist nicht lustig; sondern zuweilen Wein, zuweilen Wasser trinken, das ist lustig: also ist es auch lustig, so man mancherlei lieset. Das sei das Ende."

In die Handlung des Hauptmärchens eingewoben und mit ihm durch das Motiv des unsichtbar machenden Krakenzahns verknüpft, ist u. a. die **Historie von der schönen Lau**. Es handelt sich dabei um das Märchen von einer Wasserfrau in der Donau, die im Blautopf ausharrt in der Hoffnung, endlich fünf Mal lachen zu können; denn dann erst wäre sie in der Lage, Ihrem Gatten, einem „alten Donaunix an Schwarzen Meer" Kinder zu schenken. Eine weitere Erzählung aus dem Rankwerk um das „Hutzelmännlein" stellt Vrone Kiderlen in den Mittelpunkt. Ihre ursprünglich Unheil bringenden Schuhe werden von Seppes Lehrherrn gestohlen. Doch das Hutzelmännlein hat die Ordnung rasch wieder hergestellt. Auch gehört hierher die Sage von dem wie das Bleilot unsichtbar machenden und schon genannten Krakenzahn, mit dem sich der Geselle den Dank des Landesherrn erwirbt und reich von ihm beschenkt wird. Desgleichen fügt sich der zaubernde Stiefelknecht hinzu, welcher in der Manier des Knüppel-aus-dem-Sack Diebe einfängt.

Vieles geschieht gegenüber dem Gewohnten sozusagen in Umkehr oder eben durch Übersinnliches. Erfolgreich ist Seppe nach seiner Rückkehr aus der Fremde. Jetzt erst ist er „Meister Joseph" und glücklich in seiner Welt. Es ist das magische Wirken des Hutzelmännleins notwendig, die beiden jungen Menschen zusammenzubringen. Der Geselle schafft es aus eigener Kraft nicht. Auch das nie ausgehende Hutzelbrot, dessen Rest die Ulmer Witwe ihrem Vogel zusteckt, der daraufhin sprechen kann, gewinnt also erst seinen Wert, als es verschwunden ist.

In das Reich der Märchen entrückt uns auch

Die Hand der Jezerte.
Dieses Werk erschien 1853 erstmalig im *Kunst- und Unterhaltungsblatt für Stadt und Land*. Die Versuche, es angemessen zu klassifizieren geben es als Wegbereiter der Neuromantik aus, als Legende oder ,Parabel über die Liebe'. Es spiegelt wohl von allem etwas. Die erste Fassung ist zudem mit *Arete* betitelt (grch. ,Tugend') und weist damit auf einen psychologisch-moralischen Hintergrund hin.

- Jezerte ist die Geliebte des Königs Athmas. Nach ihrem Tod lässt ihr der Herrscher eine prächtige Statue, ein Grabmal aus Marmor, errichten. Athmas legt sich alsbald eine nächste Geliebte zu. Die jedoch entbrennt in leidenschaftlicher Eifersucht auf ihre tote, aber denkmalgeehrte Vorgängerin und bezichtigt sie, ein zweites Liebesverhältnis zu Jedanja, wohl eine Art Höfling, unterhalten zu haben. Letzteren stiftet sie an, von Jezertes Grabmonument eine Hand abzuschlagen, was auch wirklich geschieht. Allerdings bricht sich für den König schließlich doch die Wahrheit Bahn. Er kann sich der Reinheit und Treue Jezertes versichern.

Inzwischen aber wird die Hand der verleumderischen Dame ganz schwarz. Ihr böses Vorgehen wird ruchbar. Man verbringt sie auf eine Insel; dort mag sie Hungers sterben. Der Geist der Jezerte besucht sie dessen ungeachtet an ihrem Verbannungsort und lässt ihr Vergebung angedeihen. So wird sie später zwar verhungert aufgefunden, aber ihre Hände sind weiß.

Es ist also die Hand, die hier als Wahrheitssymbol zu verstehen ist. Ihr wird - wohl nicht nur im Märchen - bestätigt, dass sie in der Lage ist, Wahrheit und Lüge, Schuld und Unschuld zu beglaubigen und dies im Gegensatz von schwarz und weiß zu dokumentieren.

Sicherlich bedeutet es ein Stück Legende, die sich gegen Ende dieses orientalischen Märchens darin manifestiert, dass anstelle der alttestamentlichen Forderung nach dem Schwur mit der Hand nun der neutestamentliche Glaube an Liebe und Verzeihung tritt.

1855, als man sich eben anschickte, Mozarts 100. Geburtstag zu feiern, sollte Mörike der deutschen Erzählkunst ein besonderes Juwel beisteuern, seine historisch getönte Novelle

Mozart auf der Reise nach Prag.

Der Dichter wird damit dem ihm wesensnahen Künstler ein poetisches Denkmal errichten, indem er die Ereignisse eines einzigen Tages aus dem Leben des Meisters nicht als geschichtliches Konterfei, sondern als rein aus der Phantasie erwachsenes Gebilde schafft. Geschildert wird sinnenhaft jener Tag an dem sich der Komponist auf der Reise nach Prag zur Uraufführung seiner Oper **Don Juan** befindet, einen beschwingten Abend im Schloss eines Grafen erlebt und dabei seinen frühen Tod vorausahnt. Mörike wählt einen Augenblick, in welchem Mozart den Gipfel seines künstlerischen Schaffens erklommen hat, aber eben auch dem Tod sehr nahe ist. So entsteht ein Charakterbild des Genies von überzeugender innerer Wahrheit.

„Im Herbst des Jahres 1787 unternahm Mozart in Begleitung seiner Frau eine Reise nach Prag, um ‚Don Juan' daselbst zur Aufführung zu bringen. Am dritten Reisetag, den vierzehnten September, gegen elf Uhr morgens, fuhr das wohlgelaunte Ehepaar, noch nicht viel über dreißig Stunden Wegs von Wien entfernt, in nordwestlicher Richtung jenseits vom Mannhardsberg und der deutschen Thaya bei Schrems, wo man das schöne Mährische Gebirg' bald vollends überstiegen hat. ‚Das mit drei Postpferden bespannte Fuhrwerk', schreibt die Baronesse von T. an ihre Freundin, ‚eine stattliche gelbrote Kutsche, war Eigentum einer gewissen alten Frau Generalin Volkstett, die sich auf ihren Umgang mit dem Mozartischen Hause und ihre ihm erwiesenen Gefälligkeiten von jeher scheint etwas zugut getan zu haben.' – Die ungenaue Beschreibung des fraglichen Gefährts wird sich ein Kenner des Geschmacks der achtziger Jahre noch etwa durch einige Züge ergänzen. Der gelbrote Wagen ist hüben und drüben am Schlage mit Blumenbuketts, in ihren natürlichen Farben gemalt, die Ränder mit schmalen Goldleisten verziert, der Anstrich aber noch keineswegs von jenem spiegelglatten Lack der heutigen Wiener Werkstätten glänzend, der Kasten auch nicht völlig ausgebaucht, obwohl nach unten zu kokett mit einer kühnen Schweifung eingezogen; dazu kommt ein hohes Gedeck mit starrenden Ledervorhängen, die gegenwärtig zurückgestreift sind."

Bei der Mittagsrast in einem böhmischen Dorf ergeht sich Mozart ein wenig abseits und gerät unversehens in den Schlossgarten des Grafen. Ganz in Gedanken versunken wandelt er dahin, bestaunt die Anlagen, die Blumenrabatten, lauscht dem Plätschern des Wassers an einem Bassin und ist alsbald von einer Orangerie mit dem schönsten Pomeranzenbaum gefangen genommen. Das Bäumchen stammte noch vom Hofe Ludwigs XIV. und war vom Grafen als Geschenk für seine Nichte Eugenie ausersehen, die sich an eben diesem Tag verloben sollte. Und da beging Mozart jenen unbeabsichtigten Frevel.

„Das Ohr behaglich dem Geplätscher des Wassers hingegeben, das Aug' auf einen Pomeranzenbaum von mittlerer Größe geheftet, der außerhalb der Reihe, einzeln, ganz dicht an seiner Seite auf dem Boden stand und voll der schönsten Früchte hing, ward unser Freund durch diese Anschauung des Südens alsbald auf eine liebliche Erinnerung aus seiner Knabenzeit geführt. Nachdenklich lächelnd reicht er hinüber nach der nächsten Frucht, als wie um ihre herrliche Ründe, ihre saftige Kühle in hohler Hand zu fühlen. Ganz im Zusammenhang mit jener Jugendszene aber, die wieder vor ihm aufgetaucht, stand eine längst verwischte musikalische Reminiszenz, auf deren unbestimmter Spur er sich ein Weilchen träumerisch erging. Jetzt glänzen seine Blicke, sie irren da und dort umher, er ist von einem Gedanken ergriffen, den er sogleich eifrig verfolgt. Zerstreut hat er zum zweiten Male die Pomeranze angefaßt, sie geht vom Zweige los und bleibt ihm in der Hand. Er sieht und sieht es nicht; ja, so weit geht die künstlerische Geistesabwesenheit, daß er, die duftige Frucht beständig unter der Nase hin und her wirbelnd und bald den Anfang, bald die Mitte einer Weise unhörbar zwischen den Lippen bewegend, zuletzt instinktmäßig ein emailliertes Etui aus der Seitentasche des Rockes hervorbringt, ein kleines Messer mit silbernem Heft daraus nimmt und die gelbe kugelige Masse von oben nach unten langsam durchschneidet. Es mochte ihn dabei entfernt ein dunkles Durstgefühl geleitet haben, jedoch begnügten sich die angeregten Sinne mit Einatmung des köstlichen Geruchs. Er starrt minutenlang die beiden inneren Flächen an, fügt sie sachte wieder zusammen, ganz sachte, trennt und vereinigt sie wider.

Da hört er Tritte in der Nähe, er erschrickt, und das Bewußtsein, wo er ist, was er getan, stellt sich urplötzlich bei ihm ein. Schon im Begriff, die Pomeranze zu verbergen, hält er doch gleich damit inne, sei es aus Stolz, sei's, weil es zu spät dazu war. Ein großer breitschulteriger Mann in Livree, der Gärtner des Hauses, stand vor ihm. Derselbe hatte wohl die letzte verdächtige Bewegung noch gesehen und schwieg betroffen einige Sekunden. Mozart, gleichfalls sprachlos, auf seinem Sitz wie angenagelt, schaute ihm halb lachend, unter sichtbarem Erröten, doch gewissermaßen keck und groß mit seinen blauen Augen ins Gesicht; dann setzte er – für einen dritten wäre es höchst komisch anzusehen gewesen – die scheinbar unverletzte Pomeranze mit einer Art von trotzig couragiertem Nachdruck in die Mitte des Tisches.

,Um Vergebung', fing jetzt der Gärtner, nachdem er den wenig versprechenden Anzug des Fremden gemustert, mit unterdrücktem Unwillen an, ,ich weiß nicht, wen ich hier –'

,Kapellmeister Mozart aus Wien.'

,Sind ohne Zweifel bekannt im Schloß?'

,Ich bin hier fremd und auf der Durchreise. Ist der Herr Graf anwesend?'

,Nein.'

,Seine Gemahlin?'

,Sind beschäftigt und schwer zu sprechen.'

Mozart stand auf und machte Miene zu gehen.

,Mit Erlaubnis, mein Herr, - wie kommen Sie dazu, an diesem Ort auf solche Weise zuzugreifen?'

,Was?' rief Mozart, ,zugreifen?' Zum Teufel, glaubt Er denn, ich wollte stehlen und das Ding da fressen?'

,Mein Herr, ich glaube, was ich sehe. Diese Früchte sind gezählt, ich bin dafür verantwortlich. Der Baum ist vom Herrn Grafen zu einem Fest bstimmt, soeben soll er weggebracht werden. Ich lasse Sie nicht fort, ehbevor ich die Sache gemeldet und Sie mir selbst bezeugten, wie das da zugegangen ist.'

,Sei's drum. Ich werde hier solange warten. Verlaß Er sich darauf!'

Der Gärtner sah sich zögernd um, und Mozart, in der Meinung, er sei vielleicht nur auf ein Trinkgeld abgesehen, griff in die Tasche, allein er hatte das geringste nicht bei sich.

Zwei Gartenknechte kamen nun wirklich herbei, luden den Baum auf eine Bahre und trugen ihn hinweg. Inzwischen hatte unser Meister seine Brieftasche gezogen, ein weißes Blatt herausgenommen und, während daß der Gärtner nicht von der Stelle wich, mit Bleistift angefangen zu schreiben:

,Gnädigste Frau! Hier sitze ich Unseliger in Ihrem Paradiese, wie weiland Adam, nachdem er den Apfel gekostet.

Das Unglück ist geschehen, und ich kann nicht einmal die Schuld auf eine Eva schieben, die eben jetzt, von Grazien und Amoretten eines Himmelbetts umgaukelt, im Gasthof sich des unschuldigsten Schlafes erfreut. Befehlen Sie, und ich stehe persönlich Ihro Gnaden Red über meinen mir selbst unfaßlichen Frevel.
Mit aufrichtiger Beschämung
Hochdero
Untertänigster Diener
W. A. Mozart,
auf der Reise nach Prag.' ... "

Die junge Braut, ohnedies der Musik des großen Meisters zugetan, ist erfreut, dass der Graf das Ehepaar Mozart zu ihrer Verlobungsfeier einlädt. Die kultivierte Adelsgesellschaft huldigt bei diesem Anlass Mozarts Genius, der sich ja auf der Höhe seines Ruhmes und der Lebensfreude fühlen darf. Auf Drängen der Anwesenden hin spielt Mozart in den Reigen hochgeistiger ernster und heiterer Konversation hinein Passagen aus dem fast abgeschlossen **Don Giovanni** vor.

„ ... Nun ist es sonst meine Gewohnheit nicht, in der Komposition etwas vorauszunehmen, und wenn es noch so lockend wäre; das bleibt eine Unart, die sich sehr übel bestrafen kann. Doch gibt es Ausnahmen, und kurz, der Auftritt bei der Reiterstatue des Gouverneurs, die Drohung, die vom Grabe des Erschlagenen her urplötzlich das Gelächter des Nachtschwärmers haarsträubend unterbricht, war mir bereits in die Krone gefahren. Ich griff einen Akkord und fühlte, ich hatte an der rechten Pforte angeklopft, dahinter schon die ganze Legion von Schrecken beieinander liege, die im Finale loszulassen sind. So kam

fürs erste ein Adagio heraus: D-Moll, vier Takte nur,
darauf ein zweiter Satz mit fünfen – es wird', bild'
ich mir ein, auf dem Theater etwas Ungewöhnliches
geben, wo die stärksten Blasinstrumente die Stimme
begleiten. Einstweilen hören Sie's, so gut es sich hier
machen lässt.'
Er löschte ohne weiteres die Kerzen der beiden neben
ihm stehenden Armleuchter aus, und jener furchtbare Choral ,Dein Lachen endet vor der Morgenröte!'
erklang durch die Totenstille des Zimmers. Wie von
entlegenen Sternenkreisen fallen die Töne aus silber-
nen Posaunen, eiskalt, Mark und Seele durchschnei-
dend, herunter durch die blaue Nacht.'

Die Musikeinlage, vor allem eben der Choral, erschüt-
tern die Rokokogesellschaft zutiefst und wirken geradezu
gespenstisch auf sie. Besonders Eugenie ist im Innersten
aufgewühlt und scheint am ehesten zu spüren, wie sehr in
dem so früh vollendeten Künstlertum Mozarts Genie und
eine selbstverzehrende Todesneigung zusammenklingen.
„Eugenien, von welcher vorzugsweise hier die Rede
ist, weil sie das unschätzbare Erlebnis tiefer als alle
ergriff, ihr, sollte man denken, konnte nichts fehlen,
nichts genommen oder getrübt sein . . So wäre es
wohl auch gekommen, hätte sie gestern und heute
der bloßen Gegenwart, jetzt nur dem reinen Nach-
genuß derselben leben können. Allein am Abend
schon, bei den Erzählungen der Frau, war sie von
leiser Furcht für ihn, an dessen liebenswertem Bild
sie sich ergötzte, geheim beschlichen worden; diese
Ahnung wirkte nachher, die ganze Zeit als Mozart
spielte, hinter allem unsäglichen Reiz, durch alle
das geheimnisvolle Grauen der Musik hindurch, im
Grund ihres Bewußtseins fort, und endlich über-

raschte, erschütterte sie das, was er selbst in der nämlichen Richtung gelegentlich von sich erzählte. Es ward ihr so gewiß, daß dieser Mann sich schnell und unaufhaltsam in seiner eigenen Glut verzehre, daß er nur eine flüchtige Erscheinung auf der Erde sein könne, weil sie den Überfluß, den er verströmen würde, in Wahrheit nicht ertrüge.

Zum Abschied überraschte der Schlossherr die Mozarts mit einem gar unverhofften Geschenk: „Den andern Tag (das Wetter gab dem gestrigen nichts nach) um zehn Uhr sah man einen hübschen Reisewagen, mit den Effekten beider Wiener Gäste bepackt, im Schloßhof stehen. Der Graf stand mit Mozart davor, kurz ehe die Pferde herausgeführt wurden, und fragte, wie er ihm gefalle. ‚Sehr gut; er scheint äußerst bequem.‘ ‚Wohlan, so machen Sie mir das Vergnügen und behalten Sie ihn zu meinem Andenken.‘ ‚Wie? Ist das Ernst?‘ ‚Wie wär’ es sonst?‘ ‚Heiliger Sixtus und Calixtus – Konstanze! Du!‘ rief er zum Fenster hinauf, wo sie mit den andern heraussah. ‚Der Wagen soll mein sein! Du fährst künftig in deinem eigenen Wagen!‘ …“

Um Mozarts Reise, ihre heiteren gesellschaftlichen Ereignisse, hat Mörike also einen Rahmen aus Schwermut und Todesahnen gelegt. Erfreuen sich anfangs die Reisenden ihrer Tage in jenem „ordinären Tannenwald an der böhmischen Grenze", so schließt sich der Kreis der Erzählung in den dunklen Ahnungen Eugenies und offenbart die ‚Nachtseite‘ der künstlerischen Existenz:

„ ... Lang blickte sie gedankenvoll die Tasten an, die er zuletzt berührt, dann drückte sie leise den Deckel zu und zog den Schlüssel ab in eifersüchtiger Sorge, daß sobald keine andere Hand wieder öffne. Im Weggehen stellte sie beiläufig einige Liederhefte an ihren Ort zurück; es fiel ein älteres Blatt heraus, die Abschrift eines böhmischen Volksliedchens, das Franziska früher, auch wohl sie selbst, manchmal gesungen. Sie nahm es auf, nicht ohne darüber betreten zu sein. In einer Stimmung wie die ihrige wird der natürlichste Zufall leicht zum Orakel. Wie sie es aber auch verstehen wollte, der Inhalt war derart, daß ihr, indem sie die einfachen Verse wieder durchlas, heiße Tränen entfielen.

Ein Tännlein grünet wo,
wer weiß, im Walde;
ein Rosenstrauch, wer sagt,
in welchem Garten?
Sie sind erlesen schon,
denk' es o Seele,
auf deinem Grab zu wurzeln
und zu wachsen.

Zwei schwarze Rößlein weiden
Auf der Wiese,
sie kehren heim zur Stadt
in muntern Sprüngen.
Sie werden schrittweis gehen
mit deiner Leiche;
vielleicht, vielleicht noch eh'
das Eisen los wird,
das ich blitzen sehe!

Dieses abschließende Gedicht *Denk' es, o Seele!* stellt somit Alltägliches wie Tanne, Rose und Pferd nebeneinander und lässt es zum schicksalhaften Hintergrund im Innern des Menschen erscheinen. Es mag nicht nur dem Leser Mahnung sein, über die Vergänglichkeit aller menschlichen Vanitas nachzudenken.

In schmeichelnder Unbefangenheit erzählt uns das kleine Bändchen und zugleich letzte große Prosawerk Mörikes vom schöpferischen Geheimnis der Musik Mozarts. Das Grauen aber lässt sich auch durch graziösen Rokokozauber nicht wegdrängen, der Gedanke an Vergänglichkeit und Tod nicht ausblenden. Dieses Empfinden muss auch im Dichter selbst, in seiner oft hypochondrischen Einsamkeit, wirksam gewesen sein, wenngleich er immer auch das Irdisch-Frohe darüber hinausgehoben hat.

In diesem Werk wird Mörike zwar bewusst den Kriterien der Novelle, − einer ‚unerhörten Begebenheit' (Goethe) - gerecht, überschreitet aber gleichzeitig ebenso bewusst die Grenzen der Gattung.

Der Dichter ist zeitlebens immer wieder aufs Neue von der Musik Mozarts ergriffen gewesen, wie er z. B. 1843 kundtut:

„… weil sie zu viele subjektive Elemente für mich hat und einen Überschwall von altem Dufte, Schmerz u. Schönheit (August − meine Schwester Luise − Rud. Lohbauer etc.) über mich herwälzt."[38]

Die Heiterkeit der Musik Mozarts, die Freude an der Natur, die Liebe zu den Menschen entdeckte Mörike neben einer gewissen Hilflosigkeit den Dingen des Alltags gegenüber auch in sich selbst.

Des großen Komponisten Musik lebte so im Herzen des Dichters. Keine Oper hat Mörike so oft gehört und so sehr geschätzt wie den *Don Juan*. In einer Reihe seiner Gedichte lassen sich Anklänge an Mozart ausmachen, wie etwa in *Seltsamer Traum, Figaro, Ach nur einmal noch im Leben!, An Wilhelm Hartlaub.* Die Erzählstruktur von Mozarts Reise nach Prag ist vielfach mit dem kompositorischen Aufbau musikalischer Werke verglichen worden:

> „- diese Ganze kann man nur (an eine in der Erzählung selbst vorkommende Vergleichung anschließend) eine *gedichtete Symphonie* nennen, deren ineinander greifende Sätze die ebenbürtige Verherrlichung des großen und liebenswürdigen Tonmeisters vollbringen." (Paul Heyse)

Viele Erzähler kommen zu Wort, Wiener Handwerker, Bürger und Adelige, ja sogar die feine französische Gesellschaft. Mehrere Erzählperspektiven greifen ineinander und erzeugen so eine Art musikalischer Vielstimmigkeit. Da plaudern die Ehepartner ungezwungen miteinander. Ihre Unterhaltung wird von geistreichen Gesprächen festlicher Rokokogeselligkeit eingerahmt. Neben biedermeierlich Idyllischem wabert Dämonisches *(Don Juan)*. Hingewiesen sei auch auf gewisse biblische Anklänge, so man den Schlosspark als eine Art Garten Eden versteht, den Pomeranzenfrevel als dazugehörigen ‚Sündenfall' einbezieht.

Formgebend wirkt das vorsichtige Auswägen von Schwermut und Heiterkeit, was durch das Vorherrschen von Gesprächen -gegenüber reinen Erzählpassagen - die Fortführung der Handlung erleichtert. Dazu gehört auch Mörikes Freude an kleinen Anekdoten, am Ausmalen von Einzelheiten.

Mit altertümlichen und altertümelnden Ausdrücken und Wendungen sowie allerlei Fremdwörtern trifft die Sprache des Werkes den Ton der Zeit.

An Quellen bediente sich Mörike neben dem Operntext zu *Don Juan* selber mancher Aufführungskritiken, daneben auch verschiedener Stadtpläne von Wien, Bildmaterial über Österreich und Südböhmen, Reisehandbücher und Almanache.

Nach Hugo Rokyta soll Mörikes ‚Schloß' dem Grafen von Schinzberg zu Eigen gewesen sein. Es würde sich bei dem prächtigen Gebäude um Schloss Gratzen (erbaut 1801-1810) in Südböhmen gehandelt haben als einer

„hufeisenförmige(n), symmetrische(n) klassizistische(n) Anlage mit einem Hauptbau, der beiderseits von schmalen Seitenflügeln flankiert wird … Das elegante Empireschloß mit seinem gartenseitig hervortretenden Mittelrisalit besitzt eine große Terrasse, und an der nach Norden zugewandten Seite führt eine zweiarmige Freitreppe oder Empfangsstiege, die im Jahre 1852 erbaut wurde, in den Park, indem sie so die Verbindung eines Teiles desselben mit einem kreisförmigen Salon im Schlosse selbst herstellt."[39]

Es sind also geschichtlich festlegbare Örtlichkeiten, an welchen Mörike seine ‚Helden' agieren lässt, was die im Ansatz romantische Novelle zu einem komplexen Charakterbild Mozarts im Einst und Jetzt erweitert, einen Spannungsbogen über Kunst und Leben zeichnet, Geistigkeit und banalen Alltag des Genies in den wenigen Stunden einen Tages einfängt. Dieser Tag wird zu einem ‚Weltalltag', zumal Ereignisse in mehreren Großstädten des Kontinents einbezogen sind und der Zeitrahmen von Ludwig XIV. über die Französische Revolution bis zur Erzählgegenwart reicht.

Ein Wort noch zur dichterischen Intention des Wort-
künstlers Mörike in seinem *Mozart:*

„Der Grundton der Mozart-Novelle ist freilich kein
strahlendes Dur, sondern ein gedämpftes Moll. Der
Tod hat keinen seiner Schrecken verloren. Hinter der
Rokoko-Anmut der Wagenfahrt, dem Abenteuer mit
dem Orangenbaum und der munteren Geselligkeit
auf dem gräflichen Schloß spürt man von Anfang an
eine dunkle Bedrohung, eine tiefe Schwermut ... Der
Mozart ist eine ergreifende Klage um die Vergänglichkeit alles irdischen Seins, nicht um das Schicksal,
um die historische Bedingtheit und Hinfälligkeit einer
bestimmten Zeitepoche. Die gesellig-heitere Umwelt
des Helden ist ein Land der Sehnsucht und eine Art
von verlorenem Paradies, gewiß schon altersmatt
und sterbensreif wie jede feinste Hochblüte einer
Kultur, aber keineswegs in morbidem Sinne >von
Fäulnis zerfressen<. Mörikes Rokoko ist ebensowe-
nig eine schuldbeladene Welt, wie Mozart um einer
bestimmten Schuld willen sterben muß. Moralische
Wertungen waren niemals des Dichters Sache, und
das Schuld-Sühne-Problem hat keinen zentralen Platz
in seinem Denken und Fühlen. Er schaute und erlebte,
aber er richtete nicht. Sein Mozart geht zugrunde an
der Maßlosigkeit des sich selbst verströmenden und
verschwendenden Genies. Eugenie fühlt zweifellos
wie Mörike selbst, wenn es ihr nach dem Scheiden
des Gastes zur schmerzlichen Gewißheit wird, ‚daß
dieser Mann sich schnelle und unaufhaltsam in seiner eigenen Glut verzehre, daß er nur eine flüchtige
Erscheinung auf der Erde sein könne'.
Daß für den Künstler die Gefahr der ‚Selbster-
schöpfung' besonders groß sein musste, war dem

Dichter aus eigenem Erleben heraus bewusst. Aus dem gleichen Grunde ist bereits Nolten und Larkens zumindest ein Schauspieler. Wenn die Hauptfigur seiner letzten Novelle nicht ein beliebiger Künstler ist, sondern ein Musiker und zwar gerade Mozart, so hat das mehrere Ursachen. Man wird sich zunächst der überaus wichtigen Rolle erinnern müssen, die an sich schon der Musik als erhebender und zerstörender Urgewalt in seinem Leben zukommt. Seit dem ersten Besuch in der Stuttgarter Oper aber war es an allererster Stelle die Musik Mozarts, die ihn so tief berührte und ihm eigenes Fühlen so wesensverwandt zum Ausdruck zu bringen schien wie keine andere. Er war zeitlebens ganz erfüllt von ihr, er hörte sie überall, selbst im Knarren der Cleversulzbacher Gartentür und in den krachenden Schlägen eines über die Alb heraufziehenden Gewitters, ja sogar die Musik des Alls, die er vernahm. War Mozartsche Musik, und sein eigenes ganzes Werk ist ihr tönender Widerhall. Der Don Juan aber gewann schon früh eine ganz besondere, geheimnisvoll lockende und zugleich unheimliche Bedeutung für ihn. Der seltsam zwielichtige Zauber dieser Opera buffa, der düstere Grund unter der glänzenden, heiteren Oberfläche, das Hineinragen des Übersinnlichen in eine höchst >sinnliche< Welt mußten ihn an sich schon ganz in ihren Bann ziehen. Beim Auftreten des steinernen Gastes im Finale wurde er nach seinen eigenen Worten >bis an die Grenze menschlichen Vorstellens, ja über sie hinaus gerissen, wo wir das Übersinnliche schauen und hören und innerhalb der eigenen Brust von einem Äußeren zum andern willenlos uns hin und her geschleudert fühlen<. So hat die Oper zweifellos schon auf ihn gewirkt, als er am

15. August 1824 mit dem geliebten Bruder August zusammen eine Aufführung im Stuttgarter Hoftheater besuchte. Man wird leicht ermessen können, welches furchtbare Grauen den überaus fein Empfindlichen und damals noch unter dem Eindruck des Peregrina-Erlebens Stehenden packte, als August wenige Tage nach dem Stuttgarter Theaterbesuch unerwartet und auf rätselhafte, bis zum heutigen Tage ungeklärte Weise starb. Seither blieb der leidenschaftlich beklagte Tod des Bruders für ihn untrennbar mit der Don-Juan-Musik verbunden. Jener Theaterbesuch gehörte künftig ebenso zu seiner >Noli-me-tangere-Vergangenheit< wie die Begegnung mit Maria Meyer (an Hartlaub 20.3.1843), und er hütete sich während der langen Zeit seines Grauens vor dem furchterregenden Knochengespenst ängstlich, den Don Juan wieder aufzuschlagen oder anzuhören. Besiegt hat er dieses Grauen erst, als er drei Jahrzehnte nach dem denkwürdigen Theaterbesuch die Mozart-Novelle schrieb und auf eine unnachahmliche Weise Mozartsche Musik in dichterische Worte umsetzte. Die Erzählung ist in gleichem Maße ein Befreiungsversuch wie vor Zeiten der Nolten. Jetzt endlich wagt Mörike dem gefürchteten und gemiedenen steinernen Gast ins Auge zu sehen. Damit aber ist der magische Bann gebrochen und der Widersacher überwunden. Das Werk endet denn auch nicht mit den ehernen Posaunen-Akkorden der unvergeßlichen nächtlichen Szene, es geleitet unmerklich in den intim-leichten Plauderton zurück und klingt in milder Trauer aus. Die abschließenden Verse des >böhmischen< Volksliedes fassen die hell-dunkle Grundstimmung dann noch einmal bildhaft-prägnant zusammen. Was als haftender Eindruck bleibt, ist ein tapferes Ja zum

Leben bei allem Wissen um die Schrecken des unausweichlichen Todes, ist trotz Grab und Leichenwagen das Bild des grünenden Tännleins und des Rosenstrauchs, der munter springenden Rößlein und der blitzenden Eisen an ihren Hufen.'[40]

Nach *Mozart auf der Reise nach Prag* schreibt Mörike zwar noch einige kleinere Gedichte, aber keine großen Werke mehr, obgleich die Zahl seiner Bewunderer ständig zunimmt. Seine unerschöpflich scheinende Schaffenskraft war offensichtlich – wie bei Mozart – aufgezehrt.

Zur Rezeption des literarischen Werkes von Mörike

Seit Goethe waren in Deutschland kaum Gedichte erschienen, welche vor allem die Natur so poetisch und formvollendet besingen. An den Weimarer Dichterfürsten erinnert immer wieder die sinnenfällige und tief gründende Anschauung, das umfassende Naturerlebnis. Die nach Inhalt, Gestalt und Sprache vollkommene Lyrik Mörikes vereinigt über Mythen und Sagen verträumte Romantik mit anakreontischem Schäferspiel, Anmut und schönes Gleichmaß wie es die antike Poesie vorgezeichnet hat.

In seiner lyrischen Aussage blieb Mörike sozusagen dem Mädchenhaften verbunden. Es scheint das Irdische, die „flaumenleichte Zeit der dunklen Frühe", Bach und Fluss in den der Strahlen der Morgensonne ebenso wie die rauschenden Quellen der Nacht aus dem jungfräulichem Schweigen des ersten Schöpfungstages hervorzugehen. Mag z. B. aufgewühlte Leidenschaft aus den Peregrina-Liedern sprühen, so steht bei Mörike die Liebe nahezu stets auch für Verlassensein, Hoffnung oder unseliges „Irrsal". Die Ergriffenheit des Liebenden vor seinem eigenen Ich birgt dazu gleichzeitig unabsehbare Gefahren. Des Dichters anrührende Volksliedklänge schweben auf gütigem Humor, oft genug auch auf heiterer Ironie. Dazu gesellen sich in gemächlichem Plauderton seine Idyllen. Wiederholt ist das Idyll als Zuflucht ohne hinlängliche Bodenhaftung bezeichnet worden, doch Mörike – obwohl immer kränklich und seelisch oft ‚unbehaust', oder vielleicht gerade deswegen – setzt sein Schifflein auf die leichten Wellen seiner Sprache voller Innigkeit und anheimelnder Milde.

Mörike war in Wirklichkeit ja ganz anders als es der biedermeierliche Nimbus, das dorfpfarrherrliche Bild, das die Nachwelt in weiten Kreisen gezeichnet hat, wahrhaben mochte. Dazu meinte schon 1913 Hermann Hesse:

> „Der liebenswürdig spielerische Idylliker ist eine hübsche, gründlich verlogene Fabel, die trotzdem bis heute gehalten hat. Mörike ist dem banalen Wohlsein eines glücklichen Lebens so fern gestanden, wie nur möglich. Er lebte in der manchmal bis zum trostlosen gesteigerten Einsamkeit, die jeden wahren Schöpfer ungewollt umgibt."

Mörikes poetische Aussagen künden eine reine Wahrheit, heischen Verinnerlichung, sind allem Experimentellen abhold. Das lyrische Ich rückt nur sehr selten in den Vordergrund, ist so gut wie immer in Sehnsucht, Lenz und Liebe gebettet oder wird auf den Lüften her- oder fortgetragen. So versteht es Mörike in seiner Lyrik, sich dazu in einzigartigen Augenblicksstücken aller künstlerischen Mittel dafür zu bedienen. Er kann darum das Erbe antiken Versmaßes ebenso einsetzen wie die Form und Tonlage des Volskliedes. Auch sein Prosawerk ist voller Poesie, und das nicht nur, weil er Gedichte darein einstreut. Er schafft einen neuen Stil der sich auf gefilterte ‚gemischte Stimmung(en)‘, auf die ‚Verarbeitung, Beschreibung seltsamer Gefühlsverschränkung‘ gründet.

Leider scheint trotzdem bis heute das Verständnis der lyrischen Kunst Mörikes eine breitere Öffentlichkeit nicht in verdientem Maße erreicht zu haben. Nach Paul Heyse fehle es der „künstlerischen Physiognomie" Mörikes an einem „leicht erkennbaren Profil, an gewissen Grundzügen, die unerlässlich sind", will ein Künstler auf die Massen wirken. Man mag sich fragen, wie es kommen konnte, dass selbst ein Goethe, der doch das von Cotta herausgebrachte *Morgenblatt* las, Mörikes *„Mitternachtslied"*, das dort abgedruckt war, nicht zur Kenntnis genommen haben soll.

„Zeitlebens ist Mörike nicht nach Gebühr gewürdigt worden, und auch nach seinem Tode vering noch manches Jahr, bis seine Poesie sich Bahn brach, und erst im 20. Jahrhundert ist das Verständnis für die Größe seiner Lyrik in weiten Kreisen erwacht. In der Frühzeit seines poetischen Schaffens, in der politische und soziale Umwälzungen geräuschvoll sich vorbereiteten und das politische Lied allein freudigen Widerhall fand, fehlte die hingebende Stimmung, die Mörikes Lyrik, soll sie wirken, beim Leser voraussetzt. Er war Schwabens größter und eigenartigster Lyriker ..."[41]

Da kann man nur dankbar registrieren, dass aus dem vergangenen Jahrhundert dennoch einige namhafte Persönlichkeiten zu verzeichnen sind, welche die hohe Kunst Mörikes erkannt und gebührend gewürdigt haben, wie gar Kenzô Miyashita im fernen Japan, Dagmar Barnouw in den USA oder bei uns Gerhard Storz neben dem Philosophen Romano Guardini, dessen Forschungen ihn von Augustinus, Pascal oder Dostojewski wiederholt auch zu Mörike geführt haben.

Das auf diesen Seiten geschilderte Leben und Wirken eines unserer größten Dichter wird nur wenig von auffallenden äußeren Ereignissen bestimmt. Mörike bleibt seiner schwäbischen Heimat aus heutiger Sicht über Gebühr verhaftet. Er besucht ja auch nur zwei Mal Bayern, zwei Mal auch das schweizerische Bodenseeufer. Sogar eine Fahrt in das ja recht nahe Heidelberg ist unter den territorialen Verhältnissen in Deutschland von 1840 bereits eine Auslandsreise. Diesen Zuständen entsprechen auch die äußeren Erfolge des Dichters.

Als er 1875 stirbt, bemerkt dies im Trubel des jungen Hohenzollernreichs kaum jemand. So kann selbst Gottfried Keller lediglich „sekundären Zeitungsnotizen" entnehmen,

„wie sich ein stiller Berggeist aus einer Gegend verzieht, ohne daß man es weiß.

Wenn sein Tod nun seine Werke nicht unter die Leute bringt, so ist ihnen nicht zu helfen, nämlich den Leuten."

Einige Jahre später stellt Keller erzürnt fest, wie gleichgültig

„die große Masse auf ihrem Faulbett dem unvergleichlichen Manne gegenüber fortwährend sich verhält."

„Grüße dein Volk aus der Gruft", empfiehlt Detlev von Liliencron seinem Dichter-Kollegen im Nachhinein – in der Tat ein bitteres Wort über die Unempfindlichkeit des Publikums gegenüber einem herausragenden dichterischen Werk. Oder:

> „Weil du ein wirklicher Dichter warst, so hast du den Vorzug, daß dich der Deutsche nicht kennt."

Es gibt immer wieder Versuche, Mörike bekannt zu machen, doch ein inzwischen über hundert Jahre altes verquertes Persönlichkeitsbild steht dem nach wie vor im Wege.

Dieses Übersehenwerden ist Mörike zwar zeit seines Lebens nicht gleichgültig, auch wenn er das Lob großer Geister dem bedeutendsten deutschen Lyriker nach Goethe gegenüber überaus bescheiden abtut. Aber, wie gesagt, die meisten Leser stellen sich stumpf abseits und greifen lieber zu Geibels Goldschnittlyrik, die alsbald nach dessen Ableben die 129. Auflage erlebt, zu seichter und trivialer Literatur, deren Elaborate damals das Land überschwemmen. Mörikes Klage ist von daher mehr als verständlich:

> „Es ist doch wahrlich zum Erschrecken, was Alles wirklich schreibt und dichtet! So arg war die Affenschande mit dem Musendienst in Kammern und Unzucht noch zu keiner Zeit!"

Die Gedichte Eduard Mörikes schaffen zu seinen Lebzeiten gerade einmal vier Auflagen mit etwa 5000 Exemplaren in vier Jahrzehnten (Heines *Buch der Lieder* brachte es auf 60.000). Dies bedeutete natürlich auch finanzielle Notlagen, sodass Mörike gleich Mozart sich immer wieder mit Gläubigern herumschlagen muss.

Es gilt jedoch dankbar zu vermerken, dass einige Werke durch Moritz von Schwind, Ludwig Richter oder Eugen Neureuther vortrefflich illustriert worden sind, was ein wenig die Bekanntheit Mörikes erhöht haben mag.

Für eine etwas breitere Rezeption seiner Lyrik leisten sicherlich noch heute die klangschönen Vertonungen viel. Mörike hat sie auch selber im Kreis seiner Freunde angeregt, sogar den **Maler Nolten** mit einer musikalischen Beilage publiziert. Vor allem aber die dreiundfünfzig Kompositionen der Mörikelieder von **Hugo Wolf** (1888) haben das Bild für weitere Komponisten entscheidend geformt. Vor allem ist es auch **Hugo Distler** vergönnt gewesen, mit seinem *Mörike-Chorliederbuch* einen wesentlichen Beitrag dazu zu leisten. **Othmar Schoeck** hat in jahrzehntelanger Arbeit seine Mörike-Vertonungen in der Sammlung *Das Holde Bescheiden, op. 62* (1985/86) herausgegeben. Das Gedicht **An eine Äolsharfe** hat Hans **Werner Henze** zu seiner Musik für Gitarre und 15 Soloinstrumente angeregt.

In der Monographie *Musik nach Eduard Mörike* (1987) von **Hans-Joachim Erwe** werden 836 Komponisten aufgeführt, die in 1784 Vertonungen 198 Mörike-Texte bearbeitet haben. Als bedeutendste Namen finden sich hier neben Robert Schumann auch Johannes Brahms, Eugen d'Albert. Max Reger, Max Bruch, Hanns Eisler oder Hans Pfitzner.

Zum Beschluss

Gottfried Keller hat Mörike wegen dessen musikalisch-gefühlsbetonten Kunst einen „Sohn des Horaz" und einer feinen Schwäbin" genannt. Und der Baseler Jakob Burckhardt sieht in ihm einen „wundersamen Menschen" und zählt ihn zu den „tröstlichsten Erscheinungen".

Unter den vielen oft recht streitbaren Pfarrern, Pastoren oder deren Söhnen ist Mörike offensichtlich der zurückhaltendste und stillste geblieben.

Es sollten mehr als sieben Dezennien vorbeigehen, ohne ihn ‚von außen her' wesentlich zu betreffen. Er lebt für sich, seinen Phantasien, Träumen und Ängsten. Nach draußen mag er als schrullige Biedermeiergestalt dastehen, welche sich ihren Kakteen widmet, Steine zusammenträgt, ein wenig von des Himmels Bläue über sich und seiner engsten Umgebung sucht. Er wird den schwindenden Klängen der

Romantik lauschen und mit zartesten Strichen Bilder und Melodien zu der ihm eigenen Poesie verweben.

Mörike ist kein der Tagespolitik geneigter Dichter. Eine ‚littérature engagée" wäre nicht von ihm zu erwarten gewesen. Der Dichter meidet den großen Gegenstand, verweilt – wie auf Schritt und Tritt auszumachen - lieber in seinem klar umgrenzten Lebensbereich, den er aber wie nur wenige vor oder nach ihm im Wohlklang seiner Sprache und aus eigener innerer Erfahrung zu beseelen und als Zeitlos-Schönes vorzustellen versteht.

Es hat wegen seiner Abstinenz dem politischen Alltagsgeschehen gegenüber immer wieder Tadel für Mörike gegeben. In der Schrift *Die Weisheit der Langeweile* des Kritikers Kurt Hiller (1913) heißt es:

> „Mag sein, daß das Zeitlos-Menschliche es ist, was die Seelen am wildesten packt; aber ich schwöre, daß sie sich nur packen lassen, wenn es realisiert ist am Zeitlichen."

Die Zurückhaltung Mörikes der Politik gegenüber mögen manche mit der Antwort auszudrücken, die Bertold Brecht einem seiner Protagonisten als Aussage über die Vaterländer in den Mund legt: „Ich kann überall hungern." Man wird sicherlich bei Mörike nicht gerade von Hungern sprechen können, aber dass immer wieder Schmalhans Küchenmeister war, haben wir schon erwähnt.

Dennoch ist es nicht gerechtfertigt zu behaupten, der Dichter hätte sich die Zeit ganz und gar nichts angehen lassen. Man braucht nur an seinen Gedankenaustausch mit Hartlaub im Revolutionsjahr 1848 in Mergentheim denken. Auch hat er sich ja mit der politischen Poesie Freiligraths auseinander gesetzt. Mörike hat sich 1871 *„Im Gedenken an unsere deutschen Krieger"* allerdings entgegen den patriotischen Anwandlungen mancher so geäußert:

„Bei euren Taten, euren Siegen,
wortlos, beschämt hat mein Gesang geschwiegen.
Und manche, die mich darum schalten,
hätten auch besser den Mund gehalten.

Zwar kennt man das spätere Leiden Mörikes an der „Zeit", am rasch entschwindenden Augenblick. Dies mag sich aus der unterschwelligen Bindung an eine verflossene, an eine erfolgreiche und zukunftsträchtige Jugend so ergeben haben.

Mit seinem Dichterwort hat Mörike viele Regungen des Daseins eingefangen, manche Grenzsituation ausgelotet, das bittersüße Verschmelzen „seine(r) Wonne, seine(r) Pein" nachgezeichnet, erfüllte und enttäuschte Hoffnungen versöhnt. Um „Liebes oder Leides" hat er das „blaue Band" der Treue zu sich selbst geschlungen.

Literaturnachweis:

Germann Franz, Mörikes ‚Besuch in Urach'. Eine
Interpretation. Bern 1966
Goes Albrecht, Früh im Wagen von Mörike. In:
Die Fähre. Lesebuch für Höhere Lehranstalten.
C.C. Buchners Verlag, Bamberg 1958
Goethe J. W., *Deutsche Sprache.* In: Goethes Werke,
hrsg. i. Auftr. Der Großherzogin Sophie von
Sachsen, Abt. 1, Bd. 41, 1. Weimar 1904
Heydebrand Renate von, *Eduard Mörikes Gedichtwerk.*
*Beschreibung und Deutung der Formenvielfalt und
ihrer Entwicklung.* Stuttgart 1972
Heyse Paul, in: Julius Grosse: *Gedichte.* Berlin 1882
Holthusen H. E., *Eduard Mörike.* Stuttgart: Reclam
(Universalbibliothek Nr. 175)
Kindlers *Literaturlexikon.* Zürich 1965, Bd.IV, S.1910

Martini Fritz, *Deutsche Literaturgeschichte von den Anfängen bis zur Gegenwart*. Krön=r Verlag, Stuttgart 1949

Mayer Mathias, *Eduard Mörike*. Stuttgart: Reclam, 1998 (Universal-Bibliothek; Nr. 17611)

Mayer Mathias, *Gedichte von Eduard Mörike*. Stuttgart: Reclam 1999 (Universalbibliothek, Nr. 17508)

Meyer Herbert, *Eduard Mörike*. Stuttgart: Steinkopf 1950,

Meuthen Erich, *Im Schattengrund*. In: Mayer Mathias, Gedichte von Eduard Mörike. Stuttgart: Reclam, 1999 (Universalbibliothek; Nr. 17508)

Prawer Siegbert, *Mörike und seine Leser*. 1960

Reclams *Romanführer* (3). Bd.I., Stuttgart 1966,

Rokyta H., *Das Schloß in Mörikes Novelle Mozart auf der Reise nach Prag*. In: Jahrbuch des Wiener Goethe-Vereins N.F. 71; 1967

Salzer et al., *Illustrierte Geschichte der deutschen Literatur*, Köln, o. J., Bd. 6

Seebaß Friedrich (Hrsg.), *Eduard Mörike. Unveröffentlichte Briefe*. Stuttgart: Cotta, 1945

Staiger Emil, *Die Kunst der Interpretation*. München 1977

Storz Gerhard, *Eduard Mörike*. Stuttgart 1967

SW = Eduard Mörike, *Sämtliche Werke*, hrg. Von Herbert G. Göpfert, 5. erw. Aufl., München 1976

WB = Eduard Mörike, *Werke und Briefe. Historisch-kritische Gesamtausgabe*, hrg. v. Hans-Henrik Krummacher, Herbert Mayer und Bernhard Zeller, Stuttgart 1967 ff.

Wiese Benno von, *Eduard Mörike*. 1950

Zeller et al. (Hrg.), *Eduard Mörike*, B4, Marbach 1990, Seite 166

[1] Theodor Heuss zum 150. Geburtstag Uhlands, 1937

[2] WB Bd.13, S.111 ff.

[3] WB Bd.14, S.96

[4] Zeller et al. (Hrg.) *Eduard Mörike*, B4, Marbach 1990, S.115

[5] WB Bd.10, S.193

[6] WB Bd.10, S.253 ff.

[7] WB Bd.10, S.260

[8] WB Bd.12, S.51

[9] WB Bd.12, S.300-302

[10] Zweizeiler aus Hexameter und Pentameter:
„Im Hexameter steigt des Springquells flüssige Säule,
Im Pentameter drauf fällt sie melodisch herab." (Schiller)

[11] WB Bd.11, S.238 ff.

[12] WB Bd.13, S.74

[13] Seebaß Friedrich (Hrsg.), *Eduard Mörike. Unveröffentlichte Briefe*
Stuttgart: Cotta, 1945

[14] Goethe J. W., *Deutsche Sprache*. In: *Goethes Werke*, hrsg. i. Auftr.
Der Großherzogin Sophie von Sachsen, Abt. 1, Bd. 41, 1.
Weimar 1904. S. 113

[15] Heyse Paul, in: Julius Grosse: *Gedichte*. Berlin *1882*, S. IX

[16] WB Bd.12, S.175

[17] WB Bd.12, S.85

[18] WB Bd.12, S.93

[19] Vgl. WB Bd.12, S.433

[20] WB Bd.12, S.99

[21] WB Bd.11, S.108

[22] Storz Gerhard, *Eduard Mörike*. Stuttgart 1967

[23] WB Bd.11, S.96

[24] vgl. Mayer Mathias, *Eduard Mörike*. Stuttgart: Reclam, 1998
(Universal-Bibliothek; Nr. 17611)

[25] Staiger Emil, *Die Kunst der Interpretation*. München 1977, S. 181

[26] Heydebrand Renate von, *Eduard Mörikes Gedichtwerk. Beschreibung
und Deutung der Formenvielfalt und ihrer Entwicklung.* Stuttgart 1972

27 Meuthen Erich, *Im Schattengrund*. In: Mayer Mathias, *Gedichte von Eduard Mörike*. Stuttgart: Reclam, 1999 (Universalbibliothek; Nr. 17508)

28 Germann Franz, *Mörikes ,Besuch in Urach'. Eine Interpretation*. Bern 1966

29 vgl. Goes Albrecht, *Früh im Wagen von Mörike*. In: Die Fähre. Lesebuch für Höhere Lehranstalten. C.C. Buchners Verlag, Bamberg 1958

30 WB Bd.11, S.85

31 WB Bd.12, S.119

32 Staiger Emil, *Die Kunst der Interpretation*. München 1977, S. 181

33 WB Bd.12, S.197

34 Staiger Emil, *Die Kunst der Interpretation*, München 1977, S. 28 ff.

35 *Reclams Romanführer* (3). Bd.I., Reclam, Stuttgart 1966, S. 259

36 vgl. *Weylas Gesang* bei den Gedichten (Lieder)

37 vgl. *Kindlers Literaturlexikon*. Zürich 1965, Bd.IV, S.1910

38 WB bd.14, S.96

39 Rokyta H., *Das Schloß in Mörikes Novelle Mozart auf der Reise nach Prag*. In: Jahrbuch des Wiener Goethe-Vereins N.F. 71; 1967, S. 139 f.

40 Meyer Herbert, *Eduard Mörike*. Stuttgart: Steinkopf 1950, S. 111-114

41 Salzer et al., *Illustrierte Geschichte der deutschen Literatur*, Köln, o. J., Bd. 6, S.400